MÉMOIRES

HISTORIQUES ET LITTÉRAIRES

SUR

F.-J. TALMA.

PARIS. — IMPRIMERIE DE FAIN,
Rue Racine, nº. 4, place de l'Odéon.

MÉMOIRES

HISTORIQUES ET LITTÉRAIRES

SUR

F.-J. TALMA,

PAR M. MOREAU.

Troisième Édition,

CONSIDÉRABLEMENT AUGMENTÉE.

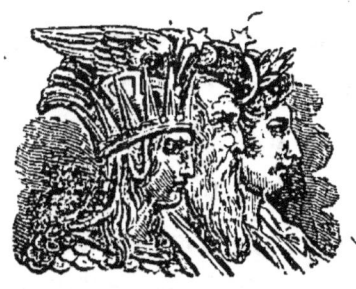

A PARIS,

CHEZ LADVOCAT, LIBRAIRE,

PONTHIEU, DELAUNAY,

ET TOUS LES MARCHANDS DE NOUVEAUTÉS.

1827.

MÉMOIRES

HISTORIQUES ET LITTÉRAIRES

SUR

F.-J. TALMA.

—◦◦—

« L E théâtre exerce beaucoup d'empire sur
les hommes : une tragédie qui élève l'âme,
une comédie qui peint les mœurs et les carac-
tères, agit sur l'esprit d'un peuple comme un
événement réel; mais pour obtenir un grand
succès sur la scène, il faut avoir étudié le public auquel on s'adresse, et les motifs de toute
espèce sur lesquels son opinion se fonde. La
connaissance des hommes est aussi nécessaire
que l'imagination même à un auteur dramatique. Il doit atteindre aux sentimens d'un intérêt général, sans perdre de vue les rapports
particuliers qui influent sur les spectateurs. »
Ce que Madame de Staël dit ici de l'auteur
dramatique s'applique également au comédien.
La connaissance des hommes et l'imagination ne
lui sont pas moins nécessaires pour s'identifier
avec ses personnages, qu'au poëte pour les
créer. On peut même dire que l'action de l'ac-

teur, nécessairement plus directe sur le public, est aussi plus vive, plus puissante que celle qu'exerce l'écrivain: Toutes les oreilles ne sont pas sensibles à l'harmonie des beaux vers : tous les cœurs sont émus par l'imitation exacte de la nature. Le comédien habile fait éprouver à ceux qui l'écoutent toutes les sensations qu'il paraît éprouver lui-même. Il nous transporte à Rome, à Sparte : l'âme de Sylla, de Léonidas, a passé dans la sienne. Mais produirait-il cette complète illusion, si, à tous les dons de la nature, il ne joignait les fruits de l'étude? Pour ressusciter les grands hommes, ne faut-il pas, en quelque sorte, qu'il les ait interrogés?

Par quelle bizarre contradiction le peuple le plus éclairé a-t-il donc pendant plusieurs siècles, en même temps qu'il rendait hommage aux poëtes tragiques et comiques, indignement flétri leurs interprètes? Comment le goût, l'instruction, le génie, perdaient-ils leurs droits à l'estime publique, quand ils s'appliquaient à offrir les plus utiles enseignemens, les plus nobles jouissances? Pourquoi Voltaire a-t-il si souvent et si inutilement répété qu'il ne pouvait y avoir de honte à déclamer les hautes leçons de morale qu'on se glorifiait d'avoir composées?

Pourquoi Talma n'a-t-il pu dire qu'en 1790 :
« C'est la révolution qui m'a fait citoyen ; je
» n'étais avant que digne de l'être (1). »

Cette influence, que Madame de Staël attribue
aux représentations théâtrales, ne se fit jamais
mieux sentir que pendant la longue carrière de
Talma. On dirait qu'il apparut pour seconder
sur la scène le grand mouvement qui allait
ébranler le monde. Il y eut véritablement
sympathie entre lui et les spectateurs. Trente
ans plus tôt, trente ans plus tard, ses rares et
précieuses qualités ne se seraient point déve-
loppées avec la même énergie.

Talma n'aurait été dans aucun siècle un acteur ordinaire : mais sa gloire est d'avoir été le
plus grand tragédien de la plus grande époque
de notre histoire.

La nation, qui lui a prodigué les preuves
d'estime, ne lira pas, j'espère, sans intérêt, le
récit de ses travaux, des obstacles qu'il eut à
vaincre. C'était le sujet favori de ses entretiens
avec ses amis. Il aimait à leur découvrir les
difficultés de son art, à les rendre spectateurs
de ses efforts pour parvenir aux triomphes de

_____

(1) Réponse de Talma au mémoire de la Comédie-
Française, imprimée en 1790.

la scène. Leur approbation était, après les applaudissemens publics, ce qu'il goûtait le plus.
Eux-mêmes trouvaient dans ces confidences
du génie un charme singulier, qui augmen-
tait encore pour eux le plaisir de le voir et de
l'entendre au théâtre. Ce sont les souvenirs de
ces entretiens que je tâche de recueillir et de
retracer ici.

TALMA (François-Joseph) naquit à Paris,
le 15 janvier 1763, dans la rue des Méné-
triers; mais il passa les premières années de
sa vie en Flandre et en Angleterre, où son père
exerçait l'état de dentiste (1). Il revint en France

(1) Voici ce qu'on lit sur le registre des baptêmes
de la paroisse Saint-Nicolas-des-Champs. « Le samedi
» 15 janvier 1763 a été baptisé François-Joseph Talma,
» né le même jour, fils de Michel-François-Joseph
» Talma, et d'Anne Mignolet, son épouse, demeurant
» rue des Ménestriers. » On a dit que Talma était né
en Flandre. Ce qui a contribué à accréditer cette erreur,
c'est qu'il existe dans l'arrondissement de Cambray,
près du canal de Saint-Quentin, un vieux château,
jadis érigé en fief, et qui porte encore le nom de Talma.
Il pensait que ce gothique manoir avait appartenu à sa
famille, qui est effectivement originaire de ce pays, et
li avait quelque envie de l'acheter. Talma, dont l'en-

à l'âge de neuf ans. Il entra dans une pension particulière dirigée par M. Verdier, et qui était établie dans le Jardin du Roi, sur l'emplacement où fut bâtie depuis la maison qu'habita Buffon. On donnait alors, à l'époque de la distribution des prix, dans quelques établissemens consacrés à l'éducation de la jeunesse, des représentations théâtrales : c'est une tradition des jésuites, et celle-là, du moins, n'était pas dangereuse à suivre.

Le jeune Talma fut chargé d'un rôle peu important, dans une tragédie intitulée *Tamerlan*, dont M. Verdier était l'auteur. Les spectateurs, frappés de l'expressive physiono-

---

fance s'était écoulée en Flandre, faisait partie de la réunion connue sous le titre des *Enfans du Nord*, composée des artistes, des hommes de lettres, des officiers généraux nés dans le département du Nord, et qui habitent Paris. Il était un des vice-présidens de cette société ; l'autre est M. le général de Fernig : le président est M. le maréchal duc de Trévise. Au dernier banquet des Enfans du Nord, un des convives demanda que les assemblées n'eussent lieu désormais que tous les trois mois. « Permettez-moi, répondit Talma, d'insister, dans mon » intérêt, pour qu'on se réunisse tous les deux mois. » Il ne faut par trop reculer à mon âge les momens de plaisir. » Six mois après il était mort !

mie et des mouvemens gracieux de l'intelligent écolier, l'écoutaient avec le vif intérêt qu'inspire toujours l'enfance, lorsque tout à coup une profonde douleur se peint sur tous ses traits; il se trouble, il balbutie, un torrent de larmes inonde son visage, ses genoux fléchissent, il s'évanouit. Doué, ou plutôt tourmenté d'une irritabilité nerveuse, présent funeste au repos de la vie, mais sans lequel on ne produit rien de grand dans les arts, Talma, devenu le personnage même qu'il représentait, n'avait pu achever le touchant récit de la mort d'un ami condamné par son père. C'est à cette facile exaltation d'une âme sensible qu'il dut plus tard ses triomphes sur la scène française, lorsque, par un long exercice, il fut parvenu à se rendre plus maître de ses vives émotions.

Quand ses études furent terminées, Talma retourna en Angleterre, et ne cessa point de s'y occuper d'un art pour lequel sa vocation était si prononcée. On sait que Jean Monnet, ancien directeur de l'Opéra-Comique, avait essayé vainement d'établir un théâtre français à Hay-Market. Mais si John Bull, dans la Cité, exprimait de la manière la plus énergique *qu'il ne voulait pas des comédiens de Pa-*

ris, la noblesse de West - End se portait avec empressement aux représentations des petites comédies françaises, que quelques-uns de nos jeunes compatriotes jouaient dans des salons particuliers. Talma se réunit à eux, et montra, dans les rôles qui lui furent confiés, des dispositions si brillantes, que des personnages de la plus haute distinction l'engagèrent avec instance à débuter à Drury-Lane. La langue anglaise lui était assez familière pour qu'il pût tenter cette épreuve, et peu s'en est fallu que celui qui devait, en France, surpasser Lekain, ne consolât l'Angleterre de la mort de Garrick.

Talma quitta pour la seconde fois la Grande-Bretagne. Il revint à Paris, et ouvrit, dans la rue Mauconseil, un salon où il exerça pendant dix-huit mois la même profession que son père. Depuis son retour en France, il avait eu occasion de voir Molé, auquel il avait été chargé de remettre des lettres de quelques lords qui l'engageaient à organiser un spectacle français à Londres. Il vit aussi mademoiselle Sainval cadette, qui combattit le projet qu'il avait déjà conçu de se faire comédien. Talma, fort heureusement, ne fut point effrayé de ses sinistres présages; et les applaudissémens qu'on lui prodigua chez Doyen, dans une représentation d'*Iphigénie en Tauride*, où il jouait Oreste, le déterminèrent à suivre l'école de déclamation fondée en 1786, et dont Molé, Dugazon et Fleury avaient été nommés professeurs. Les conseils de ces habiles comédiens ne furent pas inutiles au jeune néophyte, qui fit enfin, le mercredi 21 novembre 1787 (1), le premier pas dans la carrière qu'il devait parcourir avec tant d'éclat.

La noble régularité de ses traits, la grâce de son maintien, la chaleur de son débit, séduisirent ses juges, et le *nouvel acteur* (c'est ainsi qu'on annonçait alors tous les débutans) obtint, dans le rôle de *Seïde*, non pas précisément un triomphe, mais un honorable succès. Le 27 du même mois, il joua le jeune Bramine dans *la Veuve du Malabar*, le 29 *l'Enfant prodigue*, et Valère dans *l'École des Maris*, et le 30 Nérestan dans *Zaïre*. Il remplit aussi, pour ses premiers débuts, les rôles de Saint-Albin du *Père de Famille*, et de Pilade dans *Iphigénie en Tauride*.

_____

(1) Toutes les dates ont été vérifiées sur les registres de la Comédie-Française. Le jour du premier début de Talma, la recette s'est élevée à 3405 liv. 8 s.

Pendant les deux années qui précédèrent la grande catastrophe politique qui devait changer la face de l'Europe, Talma, modeste pensionnaire de l'antique Comédie-Française, ne se montra guère que dans l'obscur emploi des confidens; mais les loisirs que lui imposait l'orgueil de l'aristocratie tragi-comique ne furent point perdus pour sa gloire. Il étudia l'histoire, qu'on apprend toujours si mal au collége, et l'exemple de David, qui régénérait l'école française, lui inspira le désir d'opérer enfin sur la scène cette révolution du costume que les hommes éclairés appelaient de tous leurs vœux, et pour l'accomplissement de laquelle Lekain, mademoiselle Clairon et mademoiselle Saint-Huberti n'avaient fait que de stériles efforts. Mais laissons Talma lui-même nous expliquer sa pensée sur cette importante partie de l'art théâtral : « Lekain avait sans doute regardé la fidélité du costume comme une chose fort importante. On le voit par les efforts qu'il fit pour le rendre moins ridicule qu'il ne l'était alors : en effet, la vérité dans les habits comme dans les décorations augmente l'illusion théâtrale, transporte le spectateur au siècle et au pays où vivent les personnages représentés. Cette fidélité fournit même à l'acteur les moyens de donner une physionomie particulière à chacun de ses rôles. Mais une raison bien plus grave encore me fait regarder comme véritablement coupables les acteurs qui négligent cette partie de leur art. Le théâtre doit offrir à la jeunesse, en quelque sorte, un cours d'histoire vivante, et cette négligence ne la dénature-t-elle pas à ses yeux? N'est-ce pas lui donner des notions tout-à-fait fausses sur les habitudes des peuples et sur les personnages que la tragédie fait revivre? Je me rappelle très-bien que dans mes jeunes années, en lisant l'histoire, mon imagination ne se représentait jamais les princes et les héros que comme je les avais vus au théâtre. Je me figurais Bayard élégamment vêtu d'un habit couleur de chamois, sans barbe, poudré, frisé comme un petit-maître du dix-huitième siècle. Je voyais César serré dans un bel habit de satin blanc, la chevelure flottante et réunie sous des nœuds de rubans. Si parfois l'acteur rapprochait son costume des vêtemens antiques, il en faisait disparaître la simplicité sous une profusion de broderies ridicules, et je croyais les tissus de velours et de soie aussi communs à Athènes et à Rome qu'à Paris ou à Londres. Lekain ne parvint à faire dispa-

raître qu'en partie le ridicule des vêtemens
que l'on portait alors au théâtre, sans pouvoir
établir ceux qu'on y devait porter. A cette
époque, cette sorte de science était tout-à-fait
ignorée, même des peintres. Les statues, les
manuscrits anciens ornés de miniatures exi-
staient comme aujourd'hui, mais on ne les
consultait pas. C'était le temps des Boucher et
des Vanloo, qui se gardaient bien de suivre
l'exemple de Raphaël et du Poussin dans l'a-
gencement de leurs draperies. Ce n'est que
lorsque notre célèbre David parut, qu'inspirés
par lui les peintres et les sculpteurs, et surtout les jeunes gens parmi eux, s'occupèrent
de ces recherches. Lié avec la plupart d'entre
eux, sentant toute l'utilité dont cette étude
pouvait être au théâtre, j'y mis une ardeur
peu commune. Je devins peintre à ma manière. J'eus beaucoup d'obstacles et de préjugés à vaincre, moins de la part du public que
de la part des acteurs; mais enfin le succès
couronna mes efforts, et sans craindre que
l'on m'accuse de présomption, je puis dire que
mon exemple a eu une grande influence sur
tous les théâtres de l'Europe. Lekain n'aurait
pu surmonter tant de difficultés : le moment
n'était pas venu. Aurait-il hasardé les bras

nus, la chaussure antique, les cheveux sans poudre, les longues draperies, les habits de laine? Cette mise sévère eût été alors regardée comme une toilette fort malpropre, et surtout fort peu décente. Lekain a donc fait tout ce qu'il pouvait faire, et le théâtre lui en doit de la reconnaissance. Il a fait le premier pas, et ce qu'il a osé nous a fait oser davantage. »

Ce fut au commencement de l'année 1789, et dans la tragédie de *Brutus*, où il jouait le rôle de Proculus, que Talma parut pour la première fois avec une véritable toge romaine, et dans toute la sévérité du costume antique. Le rôle n'a pas quinze vers, mais cette heureuse innovation fut applaudie par le public, au grand scandale des comédiens soumis au joug de la routine (1).

Cependant une révolution, bien autrement importante, allait agiter la France. Au moment où Talma venait de porter le premier coup à quelques préjugés de théâtre, des préjugés plus graves et non moins absurdes

---

(1) « Ah! mon Dieu! dit en le voyant dans la coulisse mademoiselle Contat, *il a l'air d'une statue!* » Ce mot, qui avait un sens moqueur dans la bouche de la jolie actrice, était le plus bel éloge de Talma.

cédaient enfin aux longs efforts de la philosophie. Les grands événemens qui amenèrent la
réforme politique ne pouvaient qu'enflammer
encore son imagination ardente. « Les crises
violentes dont la révolution m'a rendu témoin,
dit-il dans l'ouvrage que j'ai déjà cité, m'ont
souvent servi d'étude. »

Comment, en effet, dans les commotions
politiques qui le mirent en rapport avec tous
les hommes supérieurs de cette époque, Talma
n'aurait-il pas puisé de nouvelles idées sur son
art? Est-ce aux accens patriotiques des Gua-
det, des Gensonné, des Vergniaud, dans
l'intimité desquels il a vécu, qu'une âme
comme la sienne pouvait rester froide? Talma
qui aimait la liberté avec passion, mais qui
déplora toujours les excès dont elle fut le pré-
texte(1), dut, n'en doutons pas, aux grandes

_____

(1) Le 13 mai 1795, Talma, orateur d'une députation
de la section du Mont-Blanc à la Convention, demande
le rapport de l'article IV de la loi du 12 floréal. « Cet
» article, dit-il, viole la liberté de penser et d'écrire,
» en ordonnant de poursuivre, par les tribunaux crimi-
» nels, ceux qui, par *des écrits ou des discours séditieux,*
» *tenteraient d'avilir la représentation nationale ou provo-*
» *queraient la royauté.* Ce sont ces expressions vagues,
» dont il est impossible de bien saisir le sens et de faire

émotions de la tragédie qui se jouait alors sur
la scène du monde, la couleur, si l'on peut
s'exprimer ainsi, de son admirable talent.
Comédien créateur, il comprit les besoins nouveaux des arts chez une nation régénérée. Lekain, dans un siècle où l'on discutait gravement
l'importante question de savoir s'il était

» une application juste, qui ont servi de protocole aux
» assassinats juridiques commis par le tribunal de Robes-
» pierre; c'est à la faveur de ce langage insignifiant, de
» ce texte vague d'une loi préexistante, que des milliers
» d'innocens ont été traînés à l'échafaud. Vous n'oublie-
» rez pas, citoyens, les services rendus à la liberté elle-
» même par celle de la presse : c'est elle qui a fait la
» révolution, c'est elle qui la soutiendra. C'est sa com-
» pression qui a favorisé l'usurpation de Robespierre;
» c'est sa liberté qui a dévoilé les horreurs de son règne,
» qui a signalé ses complices, qui a rappelé dans votre
» sein de vertueux proscrits. On craint l'avilissement de
» la représentation nationale; non, vous ne serez jamais
» avilis, on ne peut l'être que par ses propres actions.
» Votre crédit repose sur la moralité de chacun de vous.
» Bravez la calomnie, triomphez de la méfiance, soyez
» justes, faites le bien, et l'amour du peuple ne laissera
» pas ensevelir dans l'oubli les droits que vous vous êtes
» éternellement acquis à la reconnaissance du peuple
» français. »

(*Moniteur* du 14 mai 1795.)

plus affreux d'apprendre l'infidélité de sa maî-
tressse que d'apprendre sa mort; Lekain, qui
avait vécu dans cette atmosphère galante, un
peu moins chargée déjà sous Louis XV que
sous Louis XIV, et que dissipa le soleil de la révolution ; Lekain, qui, dans ses meilleurs rôles,
sacrifia toujours trop à ce qu'on appelait les
belles manières, fut l'acteur des femmes.
Talma fut l'acteur de la vérité. Mais n'antici-
pons pas sur l'ordre des événemens.

La clôture du théâtre eut lieu, suivant
l'usage, à la quinzaine de Pâques le 28 mars
1789 ; et à la rentrée, le 20 avril, Talma prononça d'une voix très-émue le discours suivant qu'on attribue à Chénier :

« Messieurs, c'est en faveur d'un art difficile et qui vous est cher, qu'en rouvrant
le théâtre de la nation, nous osons réclamer
mer vos encouragemens et votre indulgence.
Chargés par état de reproduire sous vos yeux,
du moins autant que nos efforts peuvent y
atteindre, les chefs-d'œuvre nombreux de la
scène française, nous voyons avec une espèce d'effroi l'étendue de nos devoirs et de
nos richesses. Quel théâtre que celui qui
fait les délices d'un grand peuple doué d'une
sensibilité exquise, que l'honneur anime dans

toutes les classes, qui porte l'admiration jusqu'à l'enthousiasme, et qui interrompt quelquefois son plaisir même dans la noble im-
patience d'applaudir tout ce qui porte le
caractère de l'héroïsme et de la vertu!

» S'il est vrai, messieurs, que les produc-
tions dramatiques dont s'honore la France
soient une acquisition précieuse pour toute
l'Europe; s'il est vrai qu'elles fassent une
partie de l'éducation publique, et même une
branche de la gloire nationale, avec quelle
ardeur ne devons-nous pas cultiver un art
qui nous appelle à vous procurer le plus noble
et le plus utile des plaisirs de l'esprit humain;
un art qui nous associe en quelque sorte à
tout ce que le génie inspira de plus grand et
de plus heureux à ces hommes extraordinaires qui vous parlent par notre organe,
qui semblent se ranimer encore sur la scène,
et sentir l'immortalité au bruit de vos acclamations et de vos suffrages! Quel fardeau
nous est imposé! Nous ne l'ignorons pas,
messieurs; mais cette sûreté de goût et de
jugement qui appartient aux hommes ras-
semblés; ce noble privilége d'être, pour ainsi
dire, la raison vivante qui s'explique au lieu
de nous effrayer, nous rassurent, parce que

l'étendue des lumières n'est jamais séparée de l'indulgence.

« C'est surtout pour moi, messieurs, que je viens la solliciter. J'ai eu le bonheur inappréciable de n'avoir débuté dans la carrière que sous vos yeux; je n'ai reçu que vos leçons, car ceux qui m'ont enseigné ne m'ont donné que les vôtres. Me voici maintenant, grâces à vos bontés qui ont décidé celles de mes supérieurs, attaché au théâtre de la capitale. Nous ne le savons que trop, messieurs, des talens dignes de vous sont rares; le souvenir de nos pertes ne nous en avertit que trop tous les jours. Mais combien de fois, en daignant attendre l'effet de vos leçons et de votre indulgence, n'avez-vous pas, messieurs, créé et développé des talens faibles ou timides qui ne demandaient qu'à éclore, et n'avez-vous pas fini par applaudir vous-mêmes à votre ouvrage, quand nous n'avions que le bonheur de vous faire jouir de vos propres leçons! » (1).

Le noviciat de Talma était fini : il était sociétaire depuis six mois, lorsque Chénier pré-

---

(1) La vieille coutume d'adresser un compliment au public à la clôture des spectacles et quand on les ouvrait de nouveau, ne subsista que jusqu'en 1791. Le dernier

senta à la Comédie-Française sa tragédie de
Charles IX. L'auteur avait offert à Saint-
Phal le rôle du fils de Catherine de Médicis,
mais Saint-Phal préféra celui du roi de Na-
varre, et Charles IX fut représenté par Talma. C'est de cette époque (4 novembre 1789)
que date la réputation de ce grand tragédien.

L'art avec lequel il exprima la faiblesse,
l'hypocrisie, la cruauté dont l'affreux mélange
composait le caractère de l'assassin de Coli-
gny ; la scrupuleuse exactitude de son costume, et son jeu muet surtout, produisirent
une impression profonde; mais il n'évitait
point encore les défauts qu'il a si bien signa-
lés depuis dans ses excellentes *Réflexions sur
l'art théâtral*. Il tombait souvent dans la mo-
notonie, et plus souvent encore il avait recours
aux cris, ressource ordinaire de la médiocrité,
mais qui n'étaient chez lui que l'effet de
l'inexpérience. Le succès de *Charles IX* fut
prodigieux : les trente-trois premières représentations de cette tragédie n'excitèrent pourtant aucun trouble.

discours de ce genre fut prononcé par Saint-Clair, acteur
du *Théâtre du Palais-Royal*, qui prit peu de temps après
le titre de *Théâtre de la rue de Richelieu*, et un peu plus
tard celui de *Théâtre de la République*.

Talma donna bientôt une nouvelle preuve de son extrême facilité à saisir la physionomie de ses personnages. Il joua le rôle de J.-J. Rousseau dans le *Journaliste des ombres*, petite pièce destinée à célébrer l'anniversaire de la prise de la Bastille, et qui fut représentée le jour même où la France venait d'offrir à l'Europe l'imposant spectacle de sa fédération. « Talma (dit le baron de Grimm) qui, dans la fameuse tragédie de M. Chénier, avait si bien su composer son visage sur les portraits que nous avons de Charles IX, semble avoir porté cet art encore plus loin dans le rôle de Jean-Jacques; vous auriez cru voir le sage de Genève en personne : cette copie vivante était si vraie, qu'on eût presque été tenté de le prendre pour l'original de toutes les autres. »

Nous arrivons à une époque importante de la vie de Talma, époque de troubles, de querelles parmi les comédiens, et dont le résultat fut la désertion de Talma, Dugazon, Grand-mesnil et madame Vestris, qui quittèrent le théâtre du faubourg Saint-Germain pour entrer au théâtre de la rue de Richelieu, où Monvel s'était engagé à son retour de Suède.

Les représentations de *Charles IX* étaient

2.

interrompues depuis plusieurs mois. Cette interruption privait Talma du seul rôle dans lequel il pût développer les dons heureux qu'il avait reçus de la nature et que chaque jour perfectionnait l'étude. Les esprits agités interprétaient, d'une manière fâcheuse pour la Comédie-Française, sa persévérance à ne jouer ni la tragédie de Chénier, ni *Brutus*, ni *la Mort de César*, ou, pour tout dire, aucun des ouvrages où le mot *liberté*, répété fréquemment, n'aurait pas été entendu sans transports par la nation qui venait enfin d'écraser l'hydre féodale.

Mirabeau l'aîné, au nom des députés de Provence, dont il faisait partie, demanda aux comédiens une représentation de *Charles IX*, et sa demande ne fut point accueillie. « Le 22 juillet (nous copions le mémoire que Talma publia sur cette affaire l'an 2 de la liberté, 1790), MM. les députés de Provence, irrités par les refus que les comédiens français leur avaient fait éprouver, pendant que toutes les corporations, tous les habitans de Paris s'empressaient à les fêter et à leur plaire, au moment où le rideau fut levé pour jouer la petite pièce, demandèrent *Charles IX*. On donnait *Épiménide*; nous étions trois sur la scène, M. Naudet, mademoiselle Lange et moi. Un

des députés avait rédigé sa demande par écrit;
il en fait la lecture, elle est suivie de nombreux
applaudissemens et des cris plusieurs fois répétés, *Charles IX! Charles IX!* M. Naudet
répond qu'il est impossible de jouer cette tragédie, parce que madame Vestris est malade et
que M. Saint-Prix est retenu par un érysi-
pèle à la jambe. » Les cris augmentent, les
inculpations leur succèdent; j'entends accuser
publiquement ma société d'intelligence avec
les ennemis de la révolution; on va même
jusqu'à prononcer le nom de ceux qui règlent
sa conduite et arrêtent son répertoire, et je
vois les spectateurs prêts à se porter à des vio-
lences telles, qu'il est à craindre que la sûreté
publique ne soit compromise. Ces diverses
idées m'agitent, et, sans rien considérer autre-
chose, je m'avance et je dis : « Messieurs,
madame Vestris est en effet incommodée; mais
je puis vous répondre qu'elle jouera et qu'elle
vous donnera cette preuve de son zèle et de
son patriotisme : quant au rôle du cardinal,
on le lira. » C'était ce que le public avait demandé.

Le lendemain, 23 juillet, Grammont lut en
effet le rôle du cardinal de Lorraine, et Talma
fut obligé, à la fin de la représentation, de

reparaitre sur la scène où l'appelaient à grands cris les nombreux spectateurs.

Le tumulte de cette soirée, dans laquelle Danton, qui assistait au spectacle, fut arrêté et conduit à l'Hôtel-de-Ville (1), jeta dans la société des comédiens un germe de division qu'on ne parvint à étouffer que bien des années après.

Talma, qu'on accusait hautement d'intelligence avec les députés provençaux, qui avaient demandé *Charles IX*, écrivit à Mirabeau la lettre que l'on va lire :

« Je recours à vos bontés, Monsieur, pour me justifier des imputations calomnieuses que mes ennemis s'empressent de répandre. A les entendre, ce n'est pas vous qui avez demandé *Charles IX*; c'est moi qui ai fait une cabale pour forcer mes camarades à donner cette pièce : des journalistes vendus affirment au public tout ce que leur malignité leur dicte.

---

(1) L'arrestation de Danton n'avait pas une cause politique. Le tumulte qui régna dans la salle vint surtout de l'obstination de quelques personnes au nombre desquelles était Danton, qui refusèrent de rester la tête découverte pendant toute la durée du spectacle, suivant l'ancien usage.

Si vous ne me permettez de leur dire la vérité,
je resterai chargé d'une accusation dont on espère tirer parti. Je vous supplie donc, Monsieur, de me permettre de détromper le public,
que cent bouches ennemies s'empressent de
prévenir contre moi.

» TALMA. »

Voici la réponse de Mirabeau :

« Oui, certainement, Monsieur, vous pouvez dire que c'est moi qui ai demandé *Charles IX* au nom des fédérés provençaux; et
même que j'ai vivement insisté; vous pouvez
le dire, car c'est la vérité, et une vérité dont
je m'honore. La sorte de répugnance que
MM. les comédiens ont montrée à cet égard,
au moins s'il fallait en croire les bruits, était
si désobligeante pour le public, et même
fondée sur de prétendus motifs si étrangers à
leur compétence naturelle; ils sont si peu appelés à décider si un ouvrage, légalement représenté, est ou n'est pas incendiaire; l'importance qu'ils donnaient, disait-on, à la demande et au refus était si extraordinaire et si
impolitique; enfin ils m'avaient si positive-
ment dit à moi-même qu'ils ne voulaient céder
qu'au vœu prononcé de la part du public, que

j'ai dû répandre leur réponse. Le vœu a été prononcé et mal accueilli, à ce qu'on assure : le public a voulu être obéi. Cela est assez simple, là où il paye. Et je ne vois pas de quoi l'on s'est étonné. Que maintenant on cherche à rendre, vous ou d'autres, responsables d'un événement si naturel, c'est un petit reste de rancune enfantine, auquel, à votre tour, vous auriez tort, je crois, de donner de l'importance. Toujours est-il que voilà la vérité, que je signe très-volontiers, ainsi que l'assurance des sentimens avec lesquels, etc.

>> MIRABEAU l'aîné. >> (1).

Cette déplorable discussion devint le texte d'une polémique très-vive à laquelle prirent part Chénier et Palissot, et l'occasion d'un duel entre Talma et un autre comédien français. Nous ne croyons pas devoir entrer dans de plus longs détails sur cette guerre intestine; mais nous rapporterons une anecdote

---

(1) Mirabeau mourut le 2 avril 1791, dans une maison de la rue du Montblanc qui appartenait à Talma ; celui-ci fit graver sur la porte ce distique de sa composition :

L'âme de Mirabeau s'exhala dans ces lieux.
Hommes libres, pleurez ; tyrans, baissez les yeux.

qui peint bien la spirituelle bouffonnerie de Dugazon. Les comédiens s'étaient réunis en assemblée générale pour délibérer sur les mesures à prendre relativement à Talma. « Messieurs, dit Fleury en entrant au comité, *je vous dénonce une conspiration contre la Comédie-Française.* » Dans ce moment Dugazon ouvre la porte, il entend la première phrase du discours de Fleury, et prenant la voix rauque des colporteurs de journaux, il s'écrie : « *Voilà la grande conspiration découverte, c'est du curieux! c'est du nouveau!* » Les éclats de rire déconcertent un moment l'orateur, mais le calme renaît bientôt dans l'aréopage comique, qui, à la presque unanimité des voix, frappa d'ostracisme le nouveau Coriolan, qui passa chez les Volsques de la rue de Richelieu.

C'est à la fin de cette année (1790) que Talma vit, pour la première fois, l'homme extraordinaire que son génie appelait à de si hautes destinées. Bonaparte était alors simple sous-lieutenant. Il partit pour la Corse avec le général Paoli, et ce ne fut qu'à son retour en France, après la chute de Robespierre, que s'établit entre lui et Talma une liaison assez intime dont notre grand tragédien racontait les particularités avec un charme inexprimable, et que n'oublia pas le nouveau César, même quand il fut devenu l'arbitre des rois de la terre.

L'arrêté des comédiens qui expulsait Talma de leur société, fut cassé par la municipalité de Paris, dont les droits étaient contestés par les gentilshommes de la chambre, qui jusqu'alors avaient exercé un pouvoir sans contrôle sur les théâtres royaux. Après deux mois d'exil, Talma, que le parterre demandait tous les jours, reparut dans *Charles IX*; mais jusqu'à la clôture de 1791, il ne remplit aucun rôle important.

Chénier, dans les tristes débats que nous venons de faire connaître, avait embrassé vivement la cause de Talma, et il lui confia le rôle principal de la tragédie de *Henri VIII*, qui fut jouée pour la première fois sur le théâtre de la rue de Richelieu, le 2 mai 1791. Depuis ce moment, sa carrière théâtrale ne fut qu'une longue suite de succès. Mais si les spectateurs l'applaudissaient avec enthousiasme, des juges plus difficiles ne lui épargnaient point d'amères censures, dont quelques-unes, il faut bien le dire (et Talma, quand il eut atteint la perfection de son art, en convenait lui-même), n'étaient pas tout-à-fait injustes. Sa voix, au

théâtre, n'était point artificielle comme on l'a
dit dans une biographie; elle était pleine,
forte, mais un peu dure, et ce n'est que par
une longue étude qu'il parvint à l'assouplir. Il
ignorait aussi le secret si important de respirer
à propos, de manière à ne point couper le sens
des vers, et à arriver à la fin de la plus longue
tirade sans paraître éprouver la moindre fati-
gue. Cet artifice, qu'aucun acteur ne connut
mieux que lui dans les vingt dernières années
de sa vie, lui fut indiqué par un comédien bien
médiocre qu'on appelait Dorival, et qui jouait
les confidens. Enfin, il est vrai que le bon
goût, qui le garantit de cette déclamation em-
phatique qui appartient à l'école de Lekain,
ne lui fit pas toujours éviter ces accens, pour
ainsi dire, caverneux, dont l'effet habilement
ménagé peut être théâtral, mais dont l'abus
lui fut souvent reproché par un de nos plus
célèbres critiques. Ce qui est faux, quoiqu'on
l'ait imprimé cent fois, c'est qu'il ait jamais
prêté aux personnages tragiques des manières
trop bourgeoises. Jamais Talma n'a manqué
de noblesse et de grâce : on peut même affir-
mer que cela lui eût été impossible. La coupe
antique de sa figure, qui rappelait les plus belles
médailles, la forme arrondie de son cou, l'élé-

gance de sa taille, la juste proportion de tous
ses membres, auraient seuls rendu son aspect
imposant, même quand il ne se fût pas occupé, comme il l'a fait dès son début sur la scène,
de donner à tous ses mouvemens une noble
simplicité. Mais les acteurs qui l'avaient pré-
cédé, sans en excepter Larive, avaient si im-
pitoyablement banni le naturel de la tragédie,
ils avaient élevé les héros sur de si hautes
échasses, que les vieux amateurs, étonnés
de voir un prince, un roi, marcher comme
les autres hommes, regrettaient, en écoutant
Talma, cette déclamation ampoulée au bruit
de laquelle on avait bercé leur enfance.

Talma, que les acclamations publiques con-
solaient de l'injustice de ses détracteurs, suivit d'un pas ferme la route qu'il s'était ouverte. Les rôles chevaleresques, tels que le
Cid, convenaient peu au caractère de son
talent que la nature semblait avoir formé pour
exprimer les affections mélancoliques et les
passions violentes : il joua pourtant ces rôles
avec beaucoup de succès. Mais dans *Brutus*,
dans la *Mort de César*, dans les tragédies de
M. Arnault, et surtout dans celles de Ducis,
il poussa la vérité de l'imitation aussi loin
qu'elle peut atteindre. *Il y a de la fatalité sur*

ce front-là, disait l'auteur d'Hamlet, en regardant notre Roscius.

Talma, jusqu'à la retraite de Larive, joua, suivant l'ancien usage, dans la tragédie et dans la comédie; il remplissait le personnage de Cléry dans l'*Intrigue épistolaire*, et y montrait une vivacité charmante.

L'examen de tous les rôles qu'il a *créés* (et cette expression ambitieuse est ici le mot propre) nous entraînerait au delà des bornes que nous nous sommes prescrites. Pouvons-nous d'ailleurs oublier que Mme. de Staël a tout dit sur ce sujet en quelques éloquentes pages? Et les lecteurs ne préfèreront-ils pas cent fois au faible tableau que nous pourrions esquisser, l'admirable portrait que l'auteur de *Corinne* a tracé de Talma.

« Quand il paraît un homme de génie en France, dans quelque carrière que ce soit, il atteint presque toujours à un degré de perfection sans exemple; car il réunit l'audace qui fait sortir de la route commune, au tact du bon goût qu'il importe tant de conserver lorsque l'originalité du talent n'en souffre pas. Il me semble donc que Talma peut être cité comme un modèle de hardiesse et de mesure, de naturel et de dignité. Il possède tous les se-

crets des arts divers; ses attitudes rappellent
les belles statues de l'antiquité; son vêtement,
sans qu'il y pense, est drapé dans tous ses
mouvemens comme s'il avait eu le temps de
l'arranger dans le plus parfait repos. L'expression de son visage, celle de son regard, doit
être l'étude de tous les peintres. Quelquefois il
arrive les yeux à demi ouverts, et tout à coup
le sentiment en fait jaillir des rayons de lu-
mière qui semblent éclairer toute la scène.

» Le son de sa voix ébranle dès qu'il parle,
avant que le sens même des paroles qu'il prononce ait excité l'émotion. Lorsque dans la
tragédie il s'est trouvé par hasard quelques vers
descriptifs, il a fait sentir les beautés de ce genre
de poésie, comme si Pindare avait récité lui-
même ses chants. D'autres ont besoin de temps
pour émouvoir, et font bien d'en prendre;
mais il y a dans la voix de cet homme je ne
sais quelle magie qui, dès les premiers accens,
réveille toute la sympathie du cœur. Le charme
de la musique, de la peinture, de la sculpture,
de la poésie, et par dessus tout, du langage
de l'âme, voilà ses moyens pour développer
dans celui qui l'écoute toute la puissance des
passions généreuses ou terribles.

» Quelle connaissance du cœur humain il

montre dans sa manière de concevoir ses rôles !
Il en est une seconde fois l'auteur par ses accens
et par sa physionomie. Lorsqu'OEdipe raconte à Jocaste comment il a tué Laïus, sans
le connaître, son récit commence ainsi : *J'é-
tais jeune et superbe...* La plupart des acteurs,
avant lui, croyaient devoir jouer le mot *superbe*, et relevaient la tête pour le signaler :
Talma, qui sent que tous les souvenirs de l'or-
gueilleux OEdipe commencent à devenir pour
lui des remords, prononce d'une voix timide
ces mots faits pour rappeler une confiance
qu'il n'a déjà plus. Phorbas arrive de Corin-
the au moment où OEdipe vient de concevoir
des craintes sur sa naissance : il lui demande
un entretien secret. Les autres acteurs, avant
Talma, se hâtaient de se retourner vers leur
suite et de l'éloigner avec un geste majes-
tueux : Talma reste les yeux fixés sur Phorbas;
il ne peut le perdre de vue, et sa main agitée
fait un signe pour écarter ce qui l'entoure. Il
n'a rien dit encore, mais ses mouvemens
égarés trahissent le trouble de son âme. Et
quand au dernier acte il s'écrie en quittant
Jocaste :

Oui, Laïus est mon père, et je suis votre fils,

on croit voir s'entr'ouvrir le séjour du Ténare,
où le destin perfide entraîne les mortels.

» Dans Andromaque, quand Hermione in-
sensée accuse Oreste d'avoir assassiné Pyrrhus
sans son aveu, Oreste répond :

> Et ne m'avez-vous pas
> Vous-même ici tantôt ordonné son trépas?

» On dit que Lekain, quand il récitait ce vers,
appuyait sur chaque mot, comme pour rappeler à Hermione toutes les circonstances de
l'ordre qu'il avait reçu d'elle. Ce serait bien
vis-à-vis d'un juge, mais quand il s'agit de la
femme qu'on aime, le désespoir de la trouver
injuste et cruelle est l'unique sentiment qui
remplisse l'âme. C'est ainsi que Talma conçoit
la situation : un cri s'échappe du cœur d'O-
reste; il dit les premiers mots avec force, et
ceux qui suivent avec un abattement toujours
croissant : ses bras tombent, son visage de-
vient en un instant pâle comme la mort, et
l'émotion des spectateurs s'augmente à mesure
qu'il semble perdre la force de s'exprimer.

» La manière dont Talma récite le monologue suivant est sublime. L'espèce d'innocence
qui rentre dans l'âme d'Oreste pour la déchirer
lorsqu'il dit ce vers :

J'assassine à regret un roi que je révère,

inspire une pitié que le génie même de Racine n'a pu prévoir tout entière. Les grands acteurs se sont presque tous essayés dans les fureurs d'Oreste ; mais c'est là surtout que la noblesse des gestes et des traits ajoute singulièrement à l'effet du désespoir. La puissance de la douleur est d'autant plus terrible qu'elle se montre à travers le calme même et la dignité d'une belle nature.

» Dans les pièces tirées de l'histoire romaine, Talma développe un talent d'un tout autre genre, mais non moins remarquable. On comprend mieux Tacite après l'avoir vu jouer le rôle de Néron ; il y manifeste un esprit d'une grande sagacité ; car c'est toujours avec de l'esprit qu'une âme honnête saisit les symptômes du crime : néanmoins il produit encore plus d'effet, ce me semble, dans les rôles où l'on aime à s'abandonner ; en l'écoutant, aux sentimens qu'il exprime. Il a rendu à Bayard dans la pièce de du Belloy le service de lui ôter ces airs de fanfaron que les autres acteurs croyaient devoir lui donner. Ce héros gascon est redevenu, grâce à Talma, aussi simple dans la tragédie que dans l'histoire. Son costume dans ce rôle, ses gestes simples et rapprochés rappellent les statues des chevaliers qu'on voit dans les anciennes églises, et l'on s'étonne qu'un homme qui à si bien le sentiment de l'art antique sache aussi se transporter dans le caractère du moyen âge.

» Talma joue quelquefois le rôle de Pharan, dans une tragédie de Ducis, sur un sujet arabe, *Abufard*. Une foule de vers ravissans répandent sur cette tragédie beaucoup de charme; les couleurs de l'orient, la mélancolie rêveuse du midi asiatique, la mélancolie des contrées où la chaleur consume la nature au lieu de l'embellir, se font admirablement sentir dans cet ouvrage. Le même Talma, Grec, Romain, chevalier, est un Arabe du désert plein d'énergie et d'amour; ses regards sont voilés comme pour éviter l'ardeur des rayons du soleil; il y a dans ses gestes une alternative admirable d'indolence et d'impétuosité; tantôt le sort l'accable, tantôt il parait plus puissant encore que la nature, et semble triompher d'elle; la passion qui le dévore, et dont une femme qu'il croit sa sœur est l'objet, est renfermée dans son sein; on dirait, à sa marche incertaine, que c'est lui-même qu'il veut fuir; ses yeux se détournent de ce qu'il aime, ses mains repoussent une image qu'il croit toujours voir à ses côtés; et quand enfin il presse Saléma sur son cœur, en lui disant ce simple mot : « *J'ai froid*, » il sait exprimer tout à la fois le frisson de l'âme et la dévorante ardeur qu'il veut cacher.

» On peut trouver beaucoup de défauts dans les pièces de Shakespear adaptées par Ducis à notre théâtre; mais il serait bien injuste de n'y pas reconnaître des beautés du premier ordre; Ducis a son génie dans son cœur, et c'est là qu'il est bien. Talma joue ses pièces en ami du beau talent de ce noble vieillard. La scène des Sorcières dans Macbeth est mise en récit dans la pièce française. Il faut voir Talma s'essayer à rendre quelque chose de vulgaire et de bizarre dans l'accent des sorcières, et conserver cependant dans cette imitation toute la dignité que notre théâtre exige.

Par des mots inconnus, ces êtres monstrueux
S'appelaient tour à tour, s'applaudissaient entre eux,
S'approchaient, me montraient avec un ris farouche :
Leur doigt mystérieux se posait sur leur bouche.
Je leur parle, et dans l'ombre ils s'échappent soudain,
L'un avec un poignard, l'autre un sceptre à la main;

L'autre d'un long serpent serrait le corps livide :
Tous trois vers ce palais ont pris un vol rapide,
Et tous trois dans les airs, eu fuyant loin de moi,
M'ont laissé pour adieu ces mots, *Tu seras roi.*

» La voix basse et mystérieuse de l'acteur en prononçant ces vers, la manière dont il plaçait son doigt sur sa bouche comme la statue du Silence, son regard qui s'altérait pour exprimer un souvenir horrible et repoussant, tout était combiné pour peindre un merveilleux nouveau sur notre théâtre, et dont aucune tradition antérieure ne pouvait donner l'idée.

» *Othello* n'a pas réussi dernièrement sur la scène française : il semble qu'Orosmane empêche qu'on ne comprenne bien Othello ; mais quand c'est Talma qui joue cette pièce, le cinquième acte émeut, comme si l'assassinat se passait sous nos yeux. J'ai vu Talma déclamer dans la chambre la dernière scène avec sa femme, dont la voix et la figure conviennent si bien à Desdemona ; il lui suffisait de passer sa main sur ses cheveux et de froncer le sourcil pour être le Maure de Venise, et la terreur saisissait à deux pas de lui, comme si toutes les illusions de théâtre l'avaient environné.

» *Hamlet* est son triomphe parmi les tragédies du genre étranger : les spectateurs ne voient pas l'ombre du père d'Hamlet sur la scène française, l'apparition se passe en entier dans la physionomie de Talma, et certes elle n'en est pas moins effrayante. Quand au milieu d'un entretien calme et mélancolique, tout à coup il aperçoit le spectre, on suit tous ses mouvemens dans les yeux qui le contemplent, et l'on ne peut douter de la présence du fantôme quand un tel regard l'atteste.

» Lorsque Hamlet arrive seul au troisième acte sur la scène, et qu'il dit en beaux vers français le fameux monologue *to be or not to be* :

La mort, c'est le sommeil... C'est un réveil peut-être.
Peut-être ! — Ah ! c'est le mot qui glace, épouvanté,
L'homme, au bord du cercueil, par le doute arrêté ;
Devant ce vaste abîme il se jette en arrière,
Ressaisit l'existence et s'attache à la terre.

» Talma ne faisait pas un geste, quelquefois seulement il remuait la tête pour questionner la terre et le ciel sur ce que c'est que la mort ! Immobile, la dignité de la méditation absorbait tout son être ; l'on voyait un homme, au milieu de deux mille hommes en silence, interroger la pensée sur le sort des mortels. Dans peu d'années, tout ce qui était là n'existera plus ; mais d'autres hommes assisteront à leur tour aux mêmes incertitudes, et se plongeront de même dans l'abîme sans en connaître la profondeur.

» Lorsque Hamlet veut faire jurer sa mère, sur l'urne qui renferme les cendres de son époux, qu'elle n'a point eu de part au crime qui l'a fait périr, elle hésite, se trouble, et finit par avouer le forfait dont elle est coupable. Alors Hamlet tire le poignard que son père lui commande d'enfoncer dans le sein maternel; mais au moment de frapper, la tendresse et la pitié l'emportent, et se retournant vers l'ombre de son père, il s'écrie : *Grâce, grâce, mon père !* avec un accent où toutes les émotions de la nature semblent à la fois s'échapper du cœur, et se jetant aux pieds de sa mère évanouie, il lui dit ces deux vers qui renferment une inépuisable pitié :

Votre crime est horrible, exécrable, odieux ;
Mais il n'est pas plus grand que la bonté des cieux.

» Enfin, on ne peut penser à Talma sans se rappeler *Manlius.* Cette pièce faisait peu d'effet au théâtre. C'est le sujet de *Venise sauvée* d'Otway, transporté dans un événement de l'histoire romaine. Manlius conspire contre le sénat de Rome, il confie son secret à Servilius qu'il aime depuis quinze ans : il le lui confie malgré les soupçons de ses autres amis, qui se défient de la faiblesse de Servilius et de son amour pour sa femme, fille du consul. Ce que les conjurés ont craint arrive. Servilius ne peut cacher à sa femme le danger de la vie de son père : elle court aussitôt le lui révéler. Manlius est arrêté, ses projets sont découverts, et le sénat le condamne à être précipité du haut de la roche Tarpéienne.

» Avant Talma, l'on n'avait guère aperçu dans cette pièce faiblement écrite, la passion d'amitié que Manlius ressent pour Servilius. Quand un billet du conjuré Rutile apprend que le secret est trahi, et l'est par Servilius, Manlius arrive, ce billet à la main : il s'approche de son coupable ami, que déjà le repentir dévore, et lui montrant les lignes qui l'accusent, il prononce ces mots : *Qu'en dis-tu?* Je le demande à tous ceux qui les ont entendus, la physionomie et le son de la voix peuvent-ils jamais exprimer à la fois plus d'impressions différentes? Cette fureur qu'amollit un sentiment intérieur de pitié, cette indignation que l'amitié rend tour à tour plus vive et plus faible, comment les faire comprendre, si ce n'est par cet accent qui va de l'âme à l'âme sans l'intermédiaire même des paroles! Manlius tire son poignard pour en frapper Servilius, sa main cherche son cœur et tremble de le trouver : le souvenir de tant d'années pendant lesquelles Servilius lui fut cher, élève comme un nuage de pleurs entre sa vengeance et son ami.

» On a moins parlé du cinquième acte, et peut-être Talma y est-il plus admirable encore que dans le quatrième. Servilius a tout bravé pour expier sa faute et sauver Manlius. Dans le fond de son cœur il a résolu, si son ami périt, de partager son sort. La douleur de Manlius est adoucie par les regrets de Servilius : néanmoins il n'ose lui dire qu'il lui pardonne sa trahison effroyable ; mais il prend à la dérobée la main de Servilius et l'approche de son cœur ; ses mouvemens involontaires cherchent l'ami coupable qu'il veut embrasser encore avant de le quitter pour jamais. Rien ou presque rien dans la pièce n'indiquait cette admirable bonté de l'âme sensible, respectant une longue affection malgré la trahison qui l'a brisée. Les rôles de Pierre et de Jaffier dans la pièce anglaise indiquent cette situation avec une grande force. Talma sait donner à la tragédie de *Manlius* l'énergie qui lui manque, et

rien n'honore davantage son talent que la
vérité avec laquelle il exprime ce qu'il y a
d'invincible dans l'amitié. La passion peut
haïr l'objet de son amour; mais quand le lien
s'est formé par les rapports secrets de l'âme,
il semble que le crime même ne saurait l'a-
néantir, et qu'on attend le remords comme
après une longue absence on attendrait le
retour. »

Que pourrions-nous ajouter à cette brûlante
peinture? Talma ne revit-il pas sous la plume
de madame de Staël (1)?

---

(1) Cette femme célèbre, avant d'écrire ces belles
pages, avait déjà exprimé son admiration pour Talma
dans deux lettres qu'elle lui adressa en 1809. Elle était
alors exilée à Coppet; mais elle obtint, par la sollicita-
tion de la reine Hortense, l'autorisation de quitter sa
retraite et de se rendre à Lyon, où Talma donnait, au
Grand-Théâtre, des représentations qui attiraient un
concours immense de spectateurs. Après la tragédie
d'*Hamlet*, une actrice plaça sur la tête de Talma une couronne que le public lui avait décernée.

Voici les deux lettres de madame de Staël. Talma en
avait laissé prendre des copies, et elles ont été insérées,
il y a quelques années, dans un journal de Bordeaux :

« Lyon, 4 juillet 1809.

» Ne craignez point que je sois comme madame My-

A la réaction de thermidor, ses ennemis renouvelèrent contre lui d'odieuses attaques. Le 13 pluviôse an 2 (1er. février 1794), l'affiche du Théâtre-Français annonçait *Epicharis*

---

lord, que je mette la couronne sur votre tête au moment le plus pathétique; mais comme je ne puis vous comparer qu'à vous-même, il faut que je vous dise, Talma, qu'hier vous avez surpassé la perfection, l'imagination même. Il y a dans cette pièce, toute défectueuse qu'elle est, un débris de tragédie plus forte que la nôtre; et votre talent m'est apparu dans ce rôle d'*Hamlet*, comme le génie de Shakspeare, mais sans ses inégalités, sans ses gestes familiers devenus tout à coup ce qu'il y a de plus noble sur la terre. Cette profondeur de nature, ces questions sur notre destinée à tous, en présence de cette foule qui mourra, et qui semblait vous écouter comme l'oracle du sort; cette apparition du spectre, plus terrible dans vos regards que sous la forme la plus redoutable; cette profonde mélancolie, cette voix, ces regards qui décèlent des sentimens, un caractère au-dessus de toutes les proportions humaines, c'est admirable, trois fois admirable; et mon amitié pour vous n'entre pour rien dans cette émotion, la plus profonde que les arts m'aient fait ressentir depuis que je vis. Je vous aime dans la chambre, dans les rôles où vous êtes encore votre pareil: mais dans ce rôle d'Hamlet, vous m'inspirez un tel enthousiasme, que ce n'était plus vous, que ce n'était plus moi; c'était une poésie de regards, d'accens, de gestes, à laquelle aucun écrivain ne s'est encore élevé. Adieu,

et Néron. Lorsque Talma, que les acclamations du parterre accompagnaient ordinairement dans le rôle de Néron, se présente sur
la scène, des murmures se font entendre,

---

pardonnez-moi de vous écrire, quand je vous attends ce
matin à une heure, et ce soir à huit : mais si les convenances sociales ne devaient pas tout arrêter, je ne sais,
hier, si je ne me serais pas fait fête d'aller moi-même
vous donner cette couronne due à un tel talent, plus
qu'à tout autre; car ce n'est pas un acteur que vous êtes;
c'est un homme qui élève la nature humaine, en nous en
donnant une idée nouvelle. Adieu, à une heure. Ne me
répondez pas, mais aimez-moi pour mon admiration. »

« 8 juillet 1809.

» Vous êtes parti hier, mon cher Oreste, et vous avez
vu combien cette séparation m'a fait de peine. Ce sentiment ne me quittera pas de long-temps; car l'admiration
que vous m'inspirez ne peut s'effacer: Vous êtes, dans
votre carrière, unique au monde; et nul, avant vous,
n'avait atteint ce degré de perfection où l'art se combine
avec l'inspiration, la réflexion avec l'involontaire, le
génie avec la raison. Vous m'avez fait un mal, celui de
me faire sentir plus amèrement mon exil et la puissance
de l'empereur qui, indépendamment de cette petite Europe, est maître du domaine de l'imagination. A peine
étiez-vous parti, que le sénateur Rœderer est entré chez
moi, venant d'Espagne pour aller à Strasbourg. Nous

et quelques voix l'accusent de jacobinisme. Talma ne répond que peu de mots, mais ces mots prononcés avec l'accent de l'indignation ferment la bouche aux calomniateurs :

---

avons causé trois heures, et nous avons souvent mêlé votre nom à tous les intérêts de ce monde. Il était dimanche à *Hamlet*, et vous l'avez ravi. Nous avons disputé sur le mérite de la pièce en elle-même ; il m'a paru très-orthodoxe, et il prétend que Napoléon l'est aussi. Je lui ai développé mon idée sur votre jeu, sur cette réunion étonnante de la régularité française et de l'énergie étrangère ; il a prétendu qu'il y avait des pièces classiques françaises où vous n'excelliez pas encore ; et quand j'ai demandé lesquelles, il n'a pu m'en nommer. Mais il faut qu'à Paris vous jouiez Tancrède et Orosmane à ravir ; vous le pouvez, si vous le voulez : il faut prendre ces deux rôles dans le naturel. Ils en sont tous les deux susceptibles, et comme on est accoutumé à une sorte d'étiquette dans la manière de les jouer, la vérité profonde en fera de nouveaux rôles ; mais je ne devrais pas m'aviser de vous dire ce que vous savez mille fois mieux que moi. Il est vrai, pourtant, que je mets à votre réputation un intérêt personnel. Il faut que vous écriviez ; il faut que vous soyez aussi maître de la pensée que du sentiment ; vous le pouvez, si vous le voulez. J'ai vu madame Talma après votre dernière visite. Sa grâce, pour moi, m'a profondément touchée ; dites-le-lui, je vous prie. C'est une personne digne de vous, et je crois beaucoup louer en disant cela. Quand vous reverrai-je tous les deux ? Ah !-

« Citoyens, j'ai toujours aimé, j'aime encore
» la liberté ; mais j'ai toujours détesté le
» crime et les assassins : le règne de la ter-

---

cette question me serre le cœur, et je ne peux me la faire sans une émotion douloureuse. *God bless you, and me also.* Je vais écrire sur l'art dramatique, et la moitié de mes idées me viendront de vous. Adrien de Montmorency, qui est le souverain juge de tout ce qui tient au bon goût et à la noblesse des manières, dit que madame Talma et vous, vous êtes parfaits aussi dans ce genre. Toute ma société vous est attachée à tous les deux. On raconte mes hymnes sur votre talent par la ville, et Camille (Jordan) m'en a raconté à moi-même que j'ai trouvés pindariques, mais je ne suis pas Corinne pour rien, et il me faut pardonner l'expression de ce que j'éprouve. Le directeur du spectacle est venu me voir, après votre départ, pour me parler de vous. Je lui ai su gré de si bien s'adresser. Sa conversation était comique, mais je n'étais pas en train de rire, et j'ai laissé passer tout ce qu'il a bien voulu me dire pour me donner bonne opinion de lui. Ainsi chacun s'agite pour réussir ; il n'y a que le génie qui triomphe presque à son insu. Ainsi vous êtes. Adieu ; écrivez-moi quelques lignes sur votre santé, vos succès, et la probabilité de vous revoir. Mon adresse est à *Coppet* (Suisse). Adieu, adieu ; mille tendres complimens à madame Talma.

» *P. S.* Je pars dans une heure ; les *Templiers* sont traduits en espagnol et se jouent à Madrid. »

» reur m'a coûté bien des larmes : *tous mes*
» *amis sont morts sur l'échafaud.* »

Talma aurait pu ajouter que, dénoncé lui-même par le rédacteur de l'*Ami du Peuple*, il avait acquis de nobles titres à sa haine en donnant asile à des proscrits, en exposant sa tête pour sauver celle d'un émigré dont il était bien loin de partager les opinions politiques. Personne n'ignorait qu'ami des députés de la Gironde, et voyant presque tous les jours Condorcet et Clavière, Talma était haï, redouté des jacobins; et que Marat, à leur sanglante tribune, avait signalé comme un crime la fête donnée par notre grand tragédien à Dumouriez au mois d'octobre 1791, peu de jours avant le départ de ce général pour la Belgique (1).

_____

(1) Cette fête, qui fut troublée par l'arrivée de Marat, eut lieu dans une maison de la rue Chantereine, qui appartenait à Talma, et qu'il vendit à Bonaparte après la campagne d'Italie. C'est dans cette maison que se préparèrent les événemens du 18 brumaire. Le jour de la fête offerte à Dumouriez, on avait construit, dans le jardin, un pavillon faisant suite aux appartemens du rez de chaussée. Ce fut là que Marat, qui sortait de la séance des jacobins, eut avec le général une conférence très-vive à la juger par l'agitation et les gestes animés des interlocuteurs qu'on pouvait voir sans les entendre. Le

Mais ses succès avaient trop profondément blessé l'envie pour qu'elle abandonnât ses honteuses manœuvres ; elle répétait à voix basse que Talma avait été un des persécuteurs des comédiens français à l'époque où ceux-ci furent jetés dans les prisons du Luxembourg. Larive et mademoiselle Contat prirent sa défense, et détruisirent complétement un bruit absurde dont la honte rejaillit sur ses auteurs (1).

---

fameux Saint-Georges, qui accompagnait Dumouriez, voulait absolument se jeter sur celui que Danton appelait son *Boulle-dogue* et dont la visite inattendue avait excité l'indignation de l'assemblée. Dugazon, qui par ses bouffonneries faisait toujours diversion aux scènes sérieuses, prit un réchaud, après le départ de Marat, et y brûla des parfums pour purifier l'air. A la fin du souper il improvisa une scène dans laquelle il imitait de la manière la plus comique le baragouin d'un soldat autrichien qu'un sergent français a fait prisonnier. Chénier, Chamfort, Méhul, Millin, Langlès, Riouffe, David, Ducis, presque tous les députés de la Gironde ; et plusieurs hommes de lettres qui vivent encore, assistaient à cette fête dont on fit un crime à Talma. On criait le lendemain dans Paris, avec la feuille de l'*Ami du peuple* : « Détails de la fête » donnée au traître Dumouriez par les aristocrates, chez » l'acteur Talma, avec les noms des conspirateurs qui » s'étaient proposé d'assassiner l'ami du peuple ! «

(1) Voici la lettre que mademoiselle Contat fit insérer

C'est en 1795 que de fréquens rapports s'é-
tablirent entre le général Bonaparte et Talma.
Cette liaison a donné lieu à une foule de con-
tes niais, répétés par ceux même qui savaient
le mieux combien ils étaient faux. Jamais
Bonaparte ne fut l'obligé de Talma, qui ne lui
prêta que des livres, quoi qu'en aient dit quelques biographes. Et ce n'est pas seulement au
temps de la puissance de Napoléon que Talma

---

dans les journaux, le 3 germinal an 3 (23 mars 1795):
« Ce fut à l'époque même de notre persécution que je
» reçus de Talma, que je ne voyais plus depuis long-
» temps, des marques d'un véritable intérêt. Je les ju-
» geai si peu équivoques, qu'elles firent disparaître les
» légers nuages de nos anciennes divisions, et nous rap-
» prochèrent. Je m'empresse de rendre cet hommage à
» la vérité. Puisse-t-il détruire une inculpation que je ne
» savais pas même exister ! Je ne concevrai jamais qu'un
» artiste spécule froidement sur la ruine des autres, et
» Talma n'était pas alors plus disposé à profiter de nos
» dépouilles que nous ne le serions aujourd'hui à bénéfi-
» cier des siennes ; je dis nous sans avoir consulté mes
» camarades, mais je le dis avec la certitude de n'en être
» pas désavouée.
» L. CONTAT. »

Voici la lettre de Larive :

« L'article inséré dans le *Républicain français*, du 4 de
» ce mois, me fournit une occasion de rendre hommage

cherchait à détruire un bruit ridicule, c'est après sa chute, après sa mort, quand la plupart des hommes qui lui devaient leur fortune outrageaient lâchement sa mémoire.

Ai-je besoin de dire qu'il n'est pas vrai non plus que Napoléon ait pris des leçons de lui pour porter les insignes de la royauté? Ce

---

» à la vérité, et justice à un de mes anciens camarades.
» Loin d'avoir contribué à l'arrestation des comédiens
» français, Talma a été volontairement au-devant du
» coup qu'on voulait me porter ; c'est à ses soins et à
» son activité que je dois l'avis salutaire qui m'a soustrait
» aux poursuites des quatre aides-de-camp d'Henriot,
» lorsqu'ils vinrent à la campagne me mettre hors la loi,
» et donner l'ordre de tirer sur moi.

» J'ose espérer que le public, juste et impartial, ne
» retirera jamais son estime à ceux qui sont dignes de
» sentir qu'il n'est point de bonheur pour l'homme de
» bien, sans l'amour de ses semblables.

» MAUDUIT-LARIVE. »

M. Trouvé fit suivre, dans le *Moniteur*, la lettre qu'on vient de lire de cette déclaration :

« J'ai connu Talma, il y a quinze mois, à l'époque où
» commencèrent les désastres intérieurs de la républi-
» que, et je dois à l'amitié, à l'amour des arts et à la
» vérité, de déclarer qu'il ne peut avoir de persécuteurs
» et d'ennemis que parmi les royalistes et les partisans
» du 31 mai. »   (*Moniteur* du 27 mars 1795.)

3e. *édition.*   4

qui est exact, et ce que savent comme moi
toutes les personnes qui depuis vingt ans ont
causé souvent avec Talma, c'est qu'à l'époque
où le premier consul ceignit la couronne, le
grand artiste crut devoir cesser ses visites aux
Tuileries, où il se rendait ordinairement à
l'heure du déjeuner, et qu'il fut appelé par
ordre de l'empereur à Saint-Cloud, le jour
même où les autorités venaient le complimen-
ter sur son élévation au trône.

Le lendemain d'une représentation de *Bri-*
tannicus, à laquelle l'empereur avait assisté,
Talma se présente aux Tuileries. Le monarque le reçoit, achève de dicter une dé-
pêche, et parle aussitôt du spectacle de la
veille. « Votre jeu muet, dans le rôle de
» Néron, n'indique pas assez le combat d'une
» mauvaise nature et d'une bonne éducation.
» Il faut faire moins de gestes. Ces natures-là
» ne se répandent pas au dehors, elles sont
» plus concentrées. Mais j'aime les formes sim-
» ples, naturelles, auxquelles vous avez ra-
» mené la tragédie. Lorsque les personnes
» constituées en dignité, soit qu'elles doivent
» leur élévation à la naissance ou à leurs
» talens, sont agitées par les passions, ou li-
» vrées à des pensées graves, elles parlent sans

» doute de plus haut, mais leur langage ne
» doit pas être moins naturel. Par exemple,
» en ce moment, nous parlons comme on parle
» dans la conversation, et nous faisons pour-
» tant de l'histoire. »

On voit, par cette anecdote, que loin de recevoir des conseils de Talma, l'empereur lui
en donnait lui-même d'excellens. La *Mort de
Pompée* fut aussi l'objet de remarques d'une
justesse parfaite de la part de Napoléon.
« Vous ne comprenez pas votre rôle, dit-il un
» jour à Talma. Vous paraissez convaincu
» quand vous prononcez ce vers :

Pour moi qui tiens le trône égal à l'infamie.

» César ne pense pas alors un mot de ce qu'il
» dit; il ne parle ainsi que parce qu'il est
» entouré des Romains auxquels il a besoin de
» persuader qu'il a le trône en horreur. Mais
» il est bien loin de penser que ce trône, qui
» est déjà l'objet de tous ses vœux, soit une
» chose méprisable. Il ne faut pas le faire par-
» ler en homme convaincu. L'intention con-
» traire doit être soigneusement indiquée par
» l'acteur. »

Talma, de la bouche duquel j'ai plusieurs
fois entendu les détails que je viens de rap-

porter, joua, quelque temps après cette conversation, la *Mort de Pompée* sur le théâtre
de la cour à Fontainebleau, et suivit exacte-
ment les avis de l'empereur, qui lui dit à leur
première entrevue : « C'est bien, j'ai reconnu
» César. »

On a souvent répété que de grands événemens
avaient été produits par de petites causes ; en
voici une nouvelle preuve. Talma assistait au
déjeuner de l'empereur le lendemain d'une
représentation d'*Esther*. « C'était un pauvre
» roi que cet Assuérus, » lui dit Napoléon. Puis
regardant aussitôt M. de Champagny, ministre
de l'intérieur, il ajoute : « Qu'est-ce qu'ils font
» ces Juifs ? Quelle est leur existence ? Faites-
» moi un rapport sur eux. » M. de Champagny
exécuta l'ordre de l'empereur, et l'on convo-
qua, le 26 juillet 1806, la première assemblée
des Juifs notables dans laquelle furent réglés
leurs droits politiques.

Talma avait fait bâtir à Brunoy, au pied
de la rivière d'Hières, une charmante ha-
bitation, et parlait souvent du plaisir qu'il
trouverait à y passer les trois quarts de l'année
quand il aurait quitté le théâtre. Là, comme
dans sa maison de Paris, se réunissaient les
poëtes les plus illustres, les artistes les plus

célèbres. Ducis a dit en jolis vers les innocens plaisirs de Brunoy,

> Où cet Othello si terrible
> Se perdait dans l'herbe et les fleurs.

En 1808 il se rendit à Erfurt avec les principaux acteurs de la Comédie-Française, et joua, comme le disait l'empereur, *devant un beau parterre de rois.*

On sait combien ce parterre de rois fut inquiet, agité pendant une représentation de la *Mort de César.* Déconcerté par l'embarras visible des augustes spectateurs qui semblaient craindre qu'on ne vît dans un geste, dans un regard une tacite approbation des maximes de Brutus, Talma resta au-dessous de lui-même. L'empereur seul paraissait observer avec plaisir la pénible contrainte de ces puissances de la terre auxquelles il dictait alors des lois, et qui par une formidable coalition devaient, cinq ans plus tard, renverser le colosse qu'à Erfurt elles ne mesuraient qu'avec effroi.

Les journaux de l'Europe nous ont appris avec quelle grâce affectueuse l'empereur Alexandre qui, à une représentation d'*OEdipe*, était dans la loge de Napoléon, lui prit la main en entendant ce vers de Philoctète :

L'amitié d'un grand-homme est un bienfait des dieux;

et dit d'une voix émue : « Voilà un vers qui a
été fait pour moi. »

Mais laissons ces maîtres du monde jouer
entre eux la comédie, et revenons au Théâtre-
Français. Encouragé par des succès éclatans,
Talma avait entrepris de remettre en honneur
le Théâtre classique que la vogue des ouvrages
récens avait fait oublier ou dédaigner. Il sentit
la nécessité de revenir sur ses pas, et de se
frayer une route nouvelle : on crut qu'il se ra-
lentissait, et que son talent allait décliner. La
critique ne lui épargna pas les reproches : un
esprit moins persévérant que le sien aurait pu
succomber au découragement. Parce qu'il ne
jouait pas Oreste comme Othello, OEdipe
comme Hamlet, Néron comme Charles IX,
on crut qu'il était dans ces rôles inférieur
à lui-même. « Son débit devenait, disait-
» on, monotone, son action lente; il y avait
» moins de mobilité dans ses traits, moins de
» feu dans ses regards. Sa voix était moins
» prodigue de ces accens terribles qui arra-
» chaient des cris à tout un parterre, et fai-
» saient évanouir les femmes. Content de pro-
» duire deux ou trois grands effets dans un

» rôle, il sacrifiait tout le reste. Lorsque
» Manlius avait prononcé le fameux *qu'en dis-*
» *tu?* et levé le poignard sur Servilius, les
» spectateurs n'avaient qu'à s'en aller; ils
» pouvaient se dispenser d'assister aux quatre
» premiers actes d'*Andromaque*, pourvu qu'ils
» fussent présens à la scène des fureurs. »

Voilà ce que répétaient à l'envi les critiques vulgaires. Il est bien vrai que Talma ne
parvint que péniblement et par degré au but
qu'il poursuivait ; mais il l'avait atteint que les
préventions duraient encore. Quelques hommes
de goût aperçurent les premiers ses progrès
immenses, et les signalèrent au public qui
finit par y applaudir.

Talma avait profondément médité sur le
système dramatique des grands maîtres. Il
comprenait le mécanisme d'un drame simple,
conduit à l'aide du développement des carac-
tères et des passions, où l'intérêt est excité
et soutenu sans autres artifices que ceux de
l'éloquence et de la poésie (1). Que notre

---

(1) « J'entends souvent dans le monde des personnes
» très-instruites d'ailleurs, dire que la tragédie n'est pas
» dans la nature : c'est une idée qu'on répète sans
» réflexion, qui se propage et finit par être établie comme

ancienne tragédie laisse à désirer une fable plus
fortement ourdie, un plus grand appareil théâtral; que l'action n'y ait pas assez de liberté;
que le dialogue y dégénère quelquefois en
conversation; c'est ce qu'on peut soutenir avec
succès; mais ces considérations ne doivent pas
préoccuper l'acteur. Il faut qu'il use des seuls
moyens que l'auteur lui a donnés. C'est ce
que fit Talma. Racine fut son poëte favori,
et lui-même fut l'acteur de Racine : il se pé-
nétra de toutes ses pensées, il entra dans tous
ses secrets, surtout dans les secrets de sa ver-
sification et de son style. Il se forma sur son

» une vérité. Les gens du monde, occupés d'autres ob-
» jets, n'ont pas fait une étude approfondie de tous les
» mouvemens des passions; ils jugent légèrement, et
» d'ailleurs, les auteurs médiocres et les acteurs qui don-
» nent peu d'attention à leur art, servent encore à ac-
» créditer cette erreur. Certes, la manière dont ils con-
» çoivent la tragédie, le style des uns, le jeu des autres,
» ne sont pas propres à désabuser de cette fausse idée.
» Mais qu'on examine la plupart de ces personnages poli-
» tiques ou passionnés de Corneille et de Racine ; comme
» souvent leur langage est à la fois simple et élevé ! Vol-
» taire, dans le style duquel l'ambition du poëte apparaît
» davantage, comme son expression est pathétique et
» vraie, quand il est saisi par la passion! Certes, ce
» n'est pas la négligence et l'abandon d'une conversation

modèle un débit simple, élégant, mélodieux ;
il reproduisit au théâtre la prosodie des vers
d'*Andromaque*, de *Britannicus*, d'*Iphigénie* ;
il apprit du grand poëte à dissimuler par des
coupes savantes l'effet monotone du retour de
la rime et de la division des hémistiches. Pour
rendre plus sensible mon idée, ou plutôt la
sienne, employons un procédé dont il usait
lui-même, en transcrivant les premiers vers
du rôle de Néron, selon les divisions qu'il avait
établies conformément au sens des vers et à
la pensée du poëte :

N'en doutez pas, Burrhus, — malgré ses in-
justices c'est ma mère, et je veux ignorer ses

» vulgaire qu'on retrouve dans les belles scènes de ces
» grands poëtes : c'est le langage naïf, c'est l'expression
» agrandie, mais exacte, de la nature même. Qu'on exa-
» mine sous toutes les faces l'exposition et le dénouement
» de *Venceslas*, le cinquième acte de *Rodogune*, celui de
» *Cinna*, le rôle du vieil Horace, les scènes d'Agamem-
» non et d'Achille, les rôles de Joad, d'OEdipe, des
» deux Brutus, de César ; les rôles de Phèdre, d'Andro-
» maque, d'Hermione, et je défie qu'on puisse leur
» prêter un langage plus naturel et plus vrai ; ôtez la
» rime, et tous ces personnages n'auraient pas, dans la
» réalité, parlé d'une autre manière. »

(*Réflexions sur l'art théâtral*, par Talma.)

caprices ; — mais je ne prétends plus ignorer ni
souffrir le ministre insolent qui les ose nourrir.
— Pallas de ses conseils empoisonne ma mère ;
— il séduit chaque jour Britannicus mon frère ;
ils l'écoutent tout seul, — et qui suivrait leurs
pas, les trouverait peut-être assemblés chez Pal-
las. C'en est trop, — de tous deux il faut que
je l'écarte ; — pour la dernière fois qu'il s'é-
loigne, qu'il parte : je le veux, je l'ordonne ; —
et que la fin du jour ne le retrouve pas dans
Rome et dans ma cour. — Allez, cet ordre im-
porte au salut de l'empire. — Vous, Narcisse,
approchez ; — et vous, qu'on se retire.

Des critiques injustes ou ignorans condam-
nèrent ce système, sans considérer que les
reproches adressés à l'acteur tombaient ridi-
culement sur le poëte. Talma ne faisait autre
chose que de reproduire l'artifice de la versi-
fication de Racine, toujours exempte de gêne
et de contrainte (1). Il ne méprisait pas,
comme on l'a prétendu, le nombre et la ca-
dence, et il *n'avait pas horreur des beaux*
vers. Il le prouva bien lorsqu'il joua le rôle

_____

(1) Geoffroi lui-même paraît, dans ses *Commentaires*
sur Racine, ne pas comprendre le mérite de cet art dont
l'effet est de donner à l'expression un tour libre. Il re-

du grand-prêtre dans *Athalie*. Il conserva dans son débit toute l'harmonie, toute la magnificence de la poésie de Racine. S'il avait fait parler Cinna, Nicomède, Auguste, Néron, il fit entendre par la bouche de Joad l'accent mélodieux des prophètes et le tonnerre du mont Sinaï. Qui ne se rappelle l'espèce de terreur dont il frappait l'assemblée lorsqu'au moment où le prêtre annonce la présence de l'Esprit divin, il faisait retentir ce vers :

Pécheurs, disparaissez : le Seigneur se réveille !

Le célèbre Kean, présent à une représentation d'*Athalie*, s'écria dans un transport d'enthousiasme : *C'est Elysée ! c'est Elysée !*
Talma connaissait bien sa supériorité, mais il écoutait les avis de tout le monde avec une bonhomie, on peut même dire une patience

---

lève, comme une infraction à la règle qui prohibe les *enjambemens*, la structure ingénieuse des vers suivans :

Je répondrai, madame, avec la liberté
D'un soldat — qui sait mal farder la vérité.
. . . .
Belle sans ornement, dans le simple appareil
D'une beauté — qu'on vient d'arracher au sommeil.

que pouvaient à peine comprendre ceux qui le voyaient pour la première fois dans un salon. On n'ignore point avec quelle chaleur d'âme il partageait les craintes ou soutenait l'espoir de l'auteur qui lui avait confié un rôle, ou, pour parler d'une manière plus exacte, qui avait remis entre ses mains les destinées de sa pièce.

Il démentit une seule fois la modération habituelle de son caractère pour se venger des critiques d'un Aristarque célèbre, critiques injustes, peut-être, mais qu'il aurait dû supporter avec plus de patience. Geoffroy, car personne n'ignore que c'est de lui qu'il s'agit ici, après avoir rendu compte de cette scène fâcheuse dans le *Journal des débats*, prouva par son long silence une rancune qu'aurait sans doute désarmée la perfection du jeu de Talma dans les dernières années de sa vie.

Je n'ai pu qu'indiquer les différentes routes que Talma a suivies. Il y aurait beaucoup d'autres réflexions à faire sur la prodigieuse variété d'un talent qui sut peindre l'impassible vertu de Jacques Molay aussi bien que la bouillante ardeur du jeune Marigny ; et la clémence d'Auguste avec le même succès que la vengeance de Cinna.

Lorsque Bonaparte revint de l'île d'Elbe, Talma, fidèle à ses vieilles amitiés, se présenta devant lui. « On prétend donc, lui dit Napo- » léon, que j'ai pris de vos leçons? En tous » cas si vous avez été mon maître, c'est une » preuve que j'ai bien rempli mon rôle. Je sais, » ajouta-t-il, que Louis XVIII vous a bien reçu. » Vous devez avoir été flatté de son suffrage. » C'est un homme d'esprit qui doit s'y con- » naître : il a vu Lekain. »

En 1816, à Lille, la présence de l'acteur que Napoléon honora de son amitié, devint le prétexte de troubles assez graves, pendant lesquels il courut un véritable danger. Son ami, M. Hippolyte Bis, qui l'accompagnait, peut attester que des menaces fort effrayantes furent écoutées par Talma avec beaucoup de calme et de sang-froid.

Quelque temps après, il jouait *Hamlet* sur le théâtre d'Arras. Au moment où Hamlet prend son poignard et va frapper Gertrude, des cris affreux sortent d'une loge. Un officier du génie qui avait vu sans émotion vingt fois la mort en face, n'avait pas pu supporter la pantomime de Talma : une violente attaque de nerfs, la première qu'il éprouvât de sa vie, lui fit perdre connaissance pendant plus de dix

minutes. On le transporte sur la place, on
lui prodigue des secours, il reprend ses sens
enfin, ouvre les yeux et s'écrie : *A-t-il tué sa
mère ?*

Talma se rendit en Angleterre, au mois de
mai 1817, et secondé par mademoiselle Georges
et par M. Mainvielle, il donna dans la vaste
salle de l'Opéra deux *soirées dramatiques*,
c'est-à-dire qu'après avoir déclamé une scène
d'*OEdipe*, il déclamait une scène d'*Andromaque*, etc. Privé de tous les moyens d'illusions, un acteur ordinaire aurait fatigué l'au-
ditoire : Talma produisit un grand effet sur
les spectateurs, parmi lesquels se trouvaient le
duc et la duchesse de Glocester, les duchesses
d'York et de Cumberland (1).

John Kemble, que Talma, dans sa première
jeunesse, avait connu à Londres, allait quitter
la scène à la gloire de laquelle il avait contribué
pendant trente-quatre ans. Le Garrick français

---

(1) Voici ce que dit le Courrier anglais du 20 juin
1817, sur ces *soirées dramatiques :* « Talma porte avec
» une incontestable supériorité le sceptre tragique sur le
» théâtre classique de France. C'est dans le rôle d'*Oreste*
» surtout qu'il est parfait. Toutes les expressions seraient
» trop faibles pour en donner une idée. Sa démence

assista avec un vif intérêt à toutes les représentations où parut l'acteur célèbre qui avait comme
lui réformé le costume et changé le système des
décorations. Il lui vit jouer *Caton*, *Macbeth*
et *Coriolan*.

C'est le lendemain du jour où, dans ce dernier rôle, Kemble avait fait ses adieux au
public, que les poëtes, les artistes les plus distingués de la Grande-Bretagne et de nobles lords
lui offrirent une fête à *Freemasons Tavern*,
Queen-Street, *Holborn*. Au banquet présidé
par lord Holland, on porta suivant l'usage
différens *toasts*, et la santé de Talma, qui
était un des convives, ne fut point oubliée. Il
répondit à ce vœu par quelques phrases dans
l'idiome anglais dont il avait un peu perdu
l'accent, mais qu'il parlait toujours avec facilité. Les détails de cette soirée qu'embellit
encore la présence de plusieurs ladys qui

» n'est pas l'horreur dégoûtante d'une maladie repré-
» sentée dans toute sa hideuse vérité : c'est un mélange
» sublime de frénésie et d'inspiration ; sa folie est dans
» son âme et non pas dans l'irritation de ses nerfs. Avec
» quelle habileté il passe de l'émotion qui altère les
» traits, au désespoir qui ne peut trouver de larmes, et
» de là au délire ! »

étaient placées dans une galerie, furent ra-
contés par les journaux de Londres. On in-
terpréta mal à Paris la conduite de Talma dans
cette circonstance, et à son retour en France,
le 21 août, il publia la lettre suivante :

« J'apprends à mon retour d'Angleterre que,
» sur la foi de quelques journaux, on m'a
» publiquement adressé des reproches aux-
» quels je me crois obligé de répondre.

» On a prétendu que j'avais voulu faire
» entrer en contrebande des marchandises
» anglaises qui avaient été saisies à Calais. Sur
» ce premier fait, je réponds que ce bruit
» n'a pas même de fondement. Mes effets ont
» été examinés avec beaucoup de politesse par
» MM. les douaniers, qui ne m'ont trouvé,
» sur aucun point, en contravention avec
» les lois.

» La seconde inculpation qui m'est faite
» est d'une nature plus grave, et le haut
» prix que j'attache à l'estime publique (objet
» des efforts de toute ma vie), ce que je dois
» à mes amis et à moi-même, me fait à cet
» égard une loi de m'en justifier plus expli-
» citement.

» Après la dernière représentation de M. John
» Kemble, premier acteur du théâtre anglais,

» aussi justement chéri pour son noble carac-
» tère que pour ses rares talens, dans un
» banquet d'adieu (*a'farewell dinner*), ses
» amis et ses admirateurs se sont réunis pour
» lui témoigner, d'une manière éclatante,
» leur attachement et leurs regrets. Les plus
» grands seigneurs, les artistes, les savans,
» et les hommes de lettres les plus distingués,
» faisaient partie de cette réunion. Selon
» l'usage anglais, des toasts furent portés. Au
» milieu de trois ou quatre cents convives et
» d'un aussi grand nombre de spectateurs,
» on voulut bien me rendre l'objet d'une dis-
» tinction particulière. Le noble lord, prési-
» dent de la fête, proposa un toast en mon
» honneur et à la gloire du théâtre français.
» J'y répondis par quelques phrases qui fu-
» rent gracieusement accueillies, et dans les-
» quelles je fis entendre l'expression de ma
» reconnaissance pour la réception pleine de
» bonté qu'on avait bien voulu me faire, et
» de mes vœux pour la prospérité du théâtre
» anglais. Ce retour de politesse était en quel-
» que sorte un devoir que le plus sévère ob-
» servateur des convenances ne saurait dés-
» avouer.

» Quelques journaux anglais, qui n'ont

3ᵉ. édition.   5

» pu rapporter avec une scrupuleuse exacti-
» tude les discours prononcés dans cette réu-
» nion , n'ont pas rendu le mien plus tex-
» tuellement que les autres , et les feuilles
» françaises, en les traduisant, n'ont pu se
» montrer plus fidèles.

» Joindre un vœu politique à cette santé
» que je proposais au milieu de personnes
» qui n'étaient réunies que pour célébrer les
» arts et honorer plus particulièrement ma
» profession , c'eût été pour le moins une
» sottise. Oublier en pareille circonstance que
» j'étais Français , c'eût été plus qu'une dis-
» traction , et cette double inconvenance au-
» rait été blâmée, même par ceux à qui je
» m'adressais.

» Je me plais à publier l'accueil vraiment
» fraternel que j'ai reçu des artistes de Lon-
» dres , les distinctions flatteuses, les empres-
» semens dont j'ai été l'objet dans les plus
» hautes classes de la société; mais la recon-
» naissance profonde que je conserve pour ces
» témoignages d'affection et d'estime ne m'a
» jamais fait, ne me fera jamais oublier ce
» sentiment sans rival , cet attachement de
» prédilection que tout homme bien né doit
» au pays qui l'a vu naître. »

Depuis long-temps Talma paraissait arrivé à l'apogée de sa gloire. Les amis de l'art dramatique se bornaient à faire des vœux pour qu'un talent si parfait ne ressentît point les fâcheuses atteintes de l'âge, et ce talent, dont on semblait prévoir déjà le déclin, n'avait pas acquis toute sa force. Il devait nous étonner encore par les plus admirables créations.

Après avoir opéré tant d'heureuses réformes dans l'art de la représentation théâtrale, Talma commençait à porter jusque dans la composition littéraire l'influence de sa raison et de son goût. Il engageait les auteurs à réduire aux proportions naturelles la stature gigantesque des héros tragiques, à les humaniser, si l'on peut parler ainsi. On ne saurait nier que Voltaire, tout occupé d'exposer sous la forme de l'action dramatique des vérités abstraites, n'eût quelquefois négligé l'expression de la nature simple, la fidèle peinture des mœurs; et, comme il arrive toujours, ses disciples avaient outré les défauts du maître. Une sorte de pédantisme s'était emparé de la scène, et en avait banni toute naïveté. Ce n'était plus l'étiquette du théâtre du dix-septième siècle; les héros ne soupiraient plus, mais ils plaidaient, haranguaient, dogmatisaient. La

5.

passion même ne parlait plus qu'un langage
apprêté ; l'ennui gagnait les spectateurs, et les
auteurs ne cherchaient à le vaincre qu'à force
d'exagération et par l'abus des effets de théâtre. La critique réclamait contre les vices de
ce système ; les étrangers nous le reprochaient
amèrement. Mais comment sortir d'une habi-
tude protégée même par un public, qui, tout
en voulant du nouveau, répugne aux innova-
tions ? Aucun auteur n'aurait osé le tenter sans
le secours de Talma.

Il se chargea du rôle de Leycester, dans
Marie Stuart, et il triompha du préjugé qui
ne permettait pas à un personnage tragique de
céder à de honteuses faiblesses, et même d'exprimer des sentimens vulgaires. Voltaire avait
si souvent dit dans ses *Commentaires sur Corneille*, qu'il fallait de la magnanimité jusque
dans le crime, il s'était tant raillé du débon-
naire Prusias et du poltron Félix ! comment
faire supporter ce faible favori d'Élisabeth, ce
froid amant de Marie, qui ne sait trahir avec
courage ni la reine puissante, ni la reine cap-
tive ? Ce caractère était conforme à la nature,
mais non pas aux *convenances dramatiques*. A
la première représentation, lorsqu'on entendit
Leycester ordonner aux gardes d'arrêter Mor-

timer, un murmure s'éleva dans la salle, et l'auteur allait être puni de la lâcheté du personnage. Talma soutint seul la tragédie chancelante ; il y eut dans son attitude et dans le son de sa voix je ne sais quelle autorité, qui commanda le silence et l'attention. Jamais un acteur n'avait exercé un tel empire sur le public. On sait quel succès obtint aux représentations suivantes ce drame touchant, qui avait été si près d'une chute. On comprit alors que la tragédie pouvait peindre aussi la nature, même dans ses travers et dans ses dépravations. Mais avec quel art profond Talma donnait de la grâce aux bassesses de Leycester, de l'intérêt à ses lâches aveux ! comme il savait nous attendrir sur ses humiliantes infortunes ; sur ses remords honteux !

L'épreuve que fit Talma sur le rôle de Sylla, dans la belle tragédie de M. de Jouy, était peut-être moins périlleuse ; mais elle n'en fut pas moins importante pour l'art de la composition dramatique. Les dimensions de la scène furent agrandies. Jusque-là les auteurs avaient à peine profité de l'espace que leur avait livré M. de Lauraguais, en bannissant les spectateurs de la scène. Nous en étions encore aux expositions en confidence, aux songes en récits., aux dénouemens à tirades. Nous vîmes Sylla dans son cabinet, au milieu de ses familiers ; nous assistâmes au supplice de son douloureux sommeil ; enfin, nous le suivîmes au Forum, et nous fûmes spectateurs de son abdication.

- Rien, sans doute, n'est préférable aux beaux vers de Racine ; mais que d'effet n'eussent pas produit en action le songe d'Athalie et la mort de Britannicus !

Austère, vraiment Romain dans Régulus, que d'énergie il déployait dans Oreste de la tragédie de M. Soumet !

- Le souvenir des succès qu'il avait obtenus dans *Pinto* et dans *Plaute* le déterminèrent à accepter le rôle de Danville, dans l'*École des Vieillards*. Mais Plaute et Pinto ne portaient point un frac, et il fut facile de reconnaître aux premières représentations de la comédie de M. Casimir de Lavigne, que ce vêtement sous lequel, depuis près de trente ans, Talma ne paraissait plus sur le théâtre, lui imposait une espèce de gêne. Sa profonde intelligence, la chaleur de son jeu dans la scène du duel, firent excuser aisément le peu d'aisance de ses manières, et bientôt elles ne laissèrent plus rien à désirer.

Quel autre acteur eût osé, dans la *Jane Shore* de M. Lemercier, nous montrer Richard III, bossu, paralytique, et le mendiant qui partage son pain avec la victime de Glocester? Ce double personnage, que Garrick représentait avec la hideuse vérité que n'admet point la scène française, était aussi vrai, sans être repoussant, sous les traits de notre grand tragédien.

Après avoir trouvé des accens nouveaux pour exprimer la noble infortune de *Bélisaire* et le sublime dévouement de *Léonidas*, il ne lui restait plus qu'à nous charmer par le spectacle de la nature morale réduite au dernier excès de la dégradation. La création du rôle de l'infortuné *Charles VI* fut le plus étonnant effort de l'art du comédien; cet effort fut aussi le dernier. Talma portait déjà en lui le principe de sa mort prochaine, quand son génie semblait encore croître et se fortifier. Je me souviens de la dernière représentation de Charles VI (5 juin 1826). La scène pathétique du dénouement me causa une émotion pénible. Ce vieux roi, épuisé par les souffrances et le malheur, qui recouvrait un instant sa raison avant de perdre la vie; cette voix, qui jetait un éclat si terrible et s'éteignait; cet œil enflammé qui se fermait tout à coup; cette main royale qui ressaisissait le sceptre et tombait; cette scène si belle et si courte m'attrista profondément, non pas sur le personnage, mais sur l'acteur. Je songeai à son âge, au mal dont il éprouvait déjà de violentes atteintes. Je crus assister au dernier combat d'un vigoureux athlète. Peu de temps après, je revis Talma, mais non pas au théâtre : il n'y reparut plus.

Talma n'a pas précisément fait d'élèves, mais il donnait volontiers des conseils quand on lui en demandait. Plus souvent encore, il a détourné de la carrière du théâtre, qui est si triste quand elle n'est pas glorieuse, des jeunes gens sans vocation. Un séminariste de Saint-Sulpice l'a consulté long-temps sur les inflexions de la voix, sur l'éloquence du geste; et, s'il brille quelque jour dans la chaire de vérité, peut-être devra-t-il ses triomphes pieux aux utiles leçons d'un maître qui était repoussé par l'église (1).

Notre grand tragédien n'excitait pas des transports moins vifs à Lyon, à Marseille, à

---

(1) Il se présenta l'année dernière chez Talma pendant que celui-ci lisait à MM. Picard, Coupigny et Lebrun, sa

Bordeaux, à Rouen, etc., qu'à Paris. On enraya un jour sa voiture à Beziers, pour le contraindre à donner deux représentations dans cette ville. On l'avait applaudi à Londres, on l'accueillait avec enthousiasme en Belgique. En 1822, le roi des Pays-Bas lui accorda l'usufruit d'une rente de dix mille francs, à la seule condition que, pendant six années, il irait, à l'époque du congé que lui accordait la Comédie-Française, jouer les principaux rôles de son répertoire sur le théâtre royal de Bruxelles. Il n'a pu remplir que la moitié de cet engagement.

Sa maladie fit des progrès rapides. Le repos et les secours de la médecine allégèrent pourtant ses souffrances, et l'on crut un moment que s'il était perdu pour la foule de ses admirateurs, il ne le serait pas du moins pour ses amis. Vain espoir! Il voulut revoir Brunoy: il avait encore toute sa force morale, mais ses forces physiques étaient épuisées. Sa voix était toujours pleine, sonore, ses traits faiblement altérés; mais la maigreur de son corps n'an-

---

Notice sur Lekain, avant de la livrer à l'impression. La lecture était à peine commencée, et le séminariste augmenta le nombre des auditeurs.

nonçait que trop sa fin prochaine. L'espérance, la veille même de sa mort, ne l'avait pas encore abandonné : elle ne quitte point le lit du mourant. Son esprit était aussi sain, son âme aussi calme que dans le meilleur état de santé. « Il me semble, répétait-il assez souvent, que les médecins sont découragés. »

Pendant le court séjour qu'il fit à Enghien, bien peu de temps avant sa mort, M. Firmin alla le voir. Talma ne l'entretint que des réflexions nouvelles que lui avait inspirées sa passion pour le théâtre, au milieu même des plus cruelles souffrances. « Ah! mon ami, lui » dit-il, que nous sommes encore loin de la » vérité! » — « Eh bien! vous allez jouer *le* » *Tasse?* » (C'est un rôle que Talma devait remplir avant sa maladie.) « Il y a une belle » scène au cinquième acte; celle où, dans l'es- » poir de rendre la raison au malheureux Tor- » quato, on lui parle des honneurs qui l'at- » tendent, de la couronne qui va ceindre son » front. Au mot de couronne, il semble se ra- » nimer. *Une couronne à moi!... Alphonse ne* » *me refusera donc plus sa sœur!..* On la lui pré- » sente, et il dit en la regardant avec douleur : » *Elle n'est pas d'or! ce n'est que du laurier.* » *Ah! le frère n'y consentira pas...* » — « Te-

» nez, poursuivit Talma, voici comment j'au-
» rais rendu son stupide abattement : »

Il se soulève alors avec peine et prend, sur
son lit de douleur, une attitude si vraie, sa
figure exprime si bien le dernier degré de la
folie, qu'il semblait que la grande ombre du
Tasse fût sortie de son tombeau..

Le zèle apostolique de M. l'archevêque de
Paris le conduisit, comme on sait, dans la
maison de la rue de la Tour-des-Dames. Il
s'y présenta quatre ou cinq jours avant celui
que Talma ne devait pas voir finir.

M. Amédée Talma, docteur en médecine et
neveu de l'acteur, témoigna toute sa recoñ-
näissance à M. de Quelen pour le soin qu'il
voulait bien prendre ; mais son Éminence ne
fut pas admise au chevet du malade. On redoutait l'émotion que pouvait lui causer une
visite aussi inattendue. Toutes les personnes
qui ont connu Talma savent combien il s'irri-
tait à la seule pensée de l'espèce de flétrissure
dont les conciles ont frappé, en France seulement, la profession dans laquelle il s'est illustré. Banni du sein de l'église pendant
sa vie (1), il avait formellement déclaré qu'il ne

_____

(1) Voici ce qu'on trouve dans le *Moniteur* du mardi.

voulait point qu'on l'y présentât après sa mort. Aussi, les nouvelles visites, les nouvelles in-

---

13 juillet 1790, qui rend compte de la séance de l'assemblée nationale : « Un de MM. les secrétaires lit une lettre de M. Talma, acteur du Théâtre-Français : « J'im-
» plore le secours de la loi constitutionnelle, et je ré-
» clame les droits de citoyen qu'elle ne m'a point ravis,
» puisqu'elle ne prononce aucun titre d'exclusion contre
» ceux qui embrassent la carrière du théâtre. J'ai fait
» choix d'une compagne, à laquelle je veux m'unir
» par les liens du mariage. Mon père m'a donné son
» consentement. Je me suis présenté chez M. le curé de
» Saint-Sulpice, pour la publication de mes bans. Après
» un premier refus, je lui ai fait faire une sommation
» par acte extrajudiciaire. Il a répondu à l'huissier qu'il
» avait cru de la prudence d'en déférer à ses supérieurs ;
» qu'ils lui ont rappelé les règles canoniques auxquelles
» il doit obéir, et qui défendent de donner à un comé-
» dien le sacrement de mariage, avant d'avoir obtenu de
» sa part une renonciation à son état. Je me prosterne
» devant Dieu, je professe la religion catholique, apos-
» tolique et romaine. Comment cette religion peut-elle
» autoriser le déréglement des mœurs ? J'aurais pu sans
» doute faire une renonciation et reprendre le lendemain
» mon état ; mais je ne veux point me montrer indigne de
» la religion qu'on invoque contre moi, indigne du bien-
» fait de la constitution en accusant vos décrets d'er-
» reurs et vos lois d'impuissance. Je m'abandonne avec
» confiance à votre justice. »

stances de M. l'archevêque n'eurent-elles pas le résultat qu'il en attendait. Talma ayant appris de la bouche de son neveu les démarches de Monseigneur de Paris, qu'il avait eu l'honneur de rencontrer autrefois chez M. le duc de Cazes, répondit : « Ce bon archevêque, » je suis bien fâché de ne pouvoir pas le re-» cevoir. Dès que je me porterai mieux, ma » première visite sera pour lui. »

Talma, dans sa trompeuse convalescence, avait pu jouir de tous les témoignages d'intérêt qui lui furent prodigués, et qui étaient si bien dus à son beau talent et à son honorable caractère. Pendant le dernier période de la maladie, ses deux neveux étaient auprès de lui. Une de ses sœurs, qui habite ordinairement l'Angleterre, arriva à Paris dans la soirée du 18 octobre 1826. Le malade souffrait peu : il s'éteignait. Le lendemain, à six heures du matin, sa vue, qui avait toujours été faible, s'obscurcit presque entièrement. On comprit à ses gestes qu'il voulait qu'on plaçât une petite pendule sur sa table de nuit. Il n'entendait plus sonner sa montre.

A dix heures, MM. Jouy et Arnault lui dirent un dernier adieu. Il les reconnut, et d'une voix encore assez forte il prononça ces

mots : « VOLTAIRE !... COMME VOLTAIRE !... »
On lui amena ses deux jeunes fils, il leur
donna sa main défaillante, essaya d'étendre les
bras et d'articuler le mot : *Adieu*. À onze
heures trente-cinq minutes, il avait cessé de
vivre (1).

Les arts pleureront long-temps sa perte ; ils
ont entouré son cercueil, ils perpétueront sa
mémoire. Un monument dira aux générations
qui doivent nous succéder, que la France du
dix-neuvième siècle sut honorer tous les talens, tous les genres de gloire.

La postérité ne s'étonnera pas des honneurs
publics décernés à un homme qui s'était
illustré par l'exercice d'un art voué jadis parmi
nous à d'inconcevables mépris : honneurs
inouïs sans doute, et dignes d'être enviés
par des héros et de grands citoyens. Mais
une nation éclairée et généreuse rémunère

---

(1) M. Amédée Talma qui, aussitôt après les funérailles de son oncle, partit pour Bruxelles, a fait im-
primer, depuis peu, dans cette ville, le *Journal des
derniers jours de Talma*. Ce récit, que nous ajoutons
à cette nouvelle édition des Mémoires, offre beaucoup
de détails intéressans et confirme tous ceux que nous
avions donnés.

avec une égale libéralité les vertus civiques
et les nobles talens. L'exemple de l'Angleterre, si prodigue d'hommages envers Garrick, justifierait, s'il en était besoin, l'é-
clat donné par la France aux funérailles de
Talma.

Et d'ailleurs que de souvenirs unis à la re-
nommée du grand tragédien ! que d'émotions
sa mort a renouvelées dans les cœurs ! Chaque
jour nous voyons disparaître quelqu'un de ces
hommes formés à l'école de la révolution, dont
l'âme et le génie avaient grandi au milieu des
plus terribles épreuves, et dont la présence
était, pour la génération nouvelle, un sujet
d'étonnement et d'admiration.

La mort a frappé ce monarque sorti des
rangs populaires, qui disposa de la destinée
des rois et des peuples, et après lui une foule
de guerriers, de princes, de tribuns, de législateurs, d'écrivains, qui jouèrent tant de
rôles divers sur la scène du monde. Le plus
illustre de nos peintres a terminé dans l'exil
le cours de ses immortels travaux et de sa
destinée orageuse. Une de ces renommées extraordinaires élevées au bruit des tempêtes
politiques restait à peu près la dernière. Talma
était aussi un disciple de la révolution. Il avait

vu faire de l'histoire ; il avait vu des tragédies vivantes. La révolution toute entière vivait encore sur la scène, enrichie par lui de tant de traditions dramatiques. Tout ce qu'elle avait produit qui pût être approprié à l'art du théâtre a cessé d'être avec l'acteur. Les faits de l'histoire contemporaine se conservent par des écrits, par des monumens. Nos descendans pourront admirer comme nous les œuvres de nos législateurs, de nos artistes, de nos poëtes, de nos orateurs. Nous ne conserverons de Talma qu'un vague souvenir : que du moins des hommages durables consacrent la mémoire de son nom !

JOURNAL

DES DERNIERS JOURS DE TALMA;

TENU

PAR M. LE DOCTEUR AMÉDÉE TALMA,

SON NEVEU,

MÉDECIN DENTISTE, A BRUXELLES.

———◆◆◆———

« Ayant été instruit de l'état alarmant où se trouvait mon oncle, et du désir qu'il avait de me voir, je me rendis de suite à Paris, où j'arrivai le 9 octobre. Après qu'on l'eût préparé à ma visite, je m'approchai de son lit; il me tendit la main et m'attira à lui pour m'embrasser; ses yeux se remplirent de larmes. Quelque temps après il s'informa avec intérêt de mes affaires, mais il était obligé de suspendre à chaque instant la conversation; la moindre émotion ou les moindres mouvemens occasionant des vomissemens : il me dit : « *Tu ne dois pas rester long-temps à Paris, tes affaires de Bruxelles en souffriraient; vois ces Messieurs* (les médecins) *qui désirent avoir tes avis et des renseignemens antérieurs sur cette maladie.* » Une nouvelle consultation eût lieu le 12 octobre. Des onze médecins qui la composaient un très-petit nombre conservait encore de l'espoir. Cependant les nouveaux moyens proposés calmèrent les vomissemens qui finirent par cesser vers les derniers jours. Mon oncle dit à ces Messieurs, qui tâchaient de lui donner de l'espoir : *« Je ferai tout ce que vous voudrez ; je m'en rapporte à vous ; me voilà ; du reste, j'ai pris mon parti ; je doute que vous puissiez jamais me sortir de là ; mes yeux me chagrinent, j'ai peur de perdre la vue. »* Je crus devoir le prévenir de mon prochain départ. Il me dit, avec un accent de tendresse : *« Déjà ? au fait, tu as raison... il le faut... tes affaires... Quand pars-tu ? —* Demain ou après. » Un de ses neveux (Charles Jannin) arriva de Bruxelles le 16 ; il fallut tous les ménagemens possibles pour préparer mon oncle à cette visite, tant on craignait les émotions chez un homme d'une susceptibilité nerveuse si extraordinaire. Je lui dis, après lui avoir parlé de l'arrivée de Charles, que j'allais répondre à ma femme. *« Tu diras à Clémentine qu'elle soit tranquille, que nous avons bien soin de toi, que je l'embrasse, parce que je l'aime.* » Peu de temps après, les médecins arrivèrent; j'étais absent; lorsque je rentrai, MM. Dupuytren, Biett et Bégin étaient près de la cheminée du malade où ils causaient à voix basse; j'entendis, en approchant, que mon oncle demandait à ces Messieurs ce qu'ils disaient. M. Dupuytren, sans répondre, s'avance vers moi et me dit à voix basse qu'il demandait à ces Messieurs si mon oncle était instruit des visites de l'archevêque. Comme mon oncle était mieux ce jour-là, je crus l'instant favorable; je pris la parole, et dis avec intention au malade : « M. Dupuytren disait à ces Messieurs que M. l'archevêque lui demandait tous les jours de tes nouvelles. — « *Qui?* répondit-il, *M. l'archevêque de Paris? Ah! que je suis touché de son souvenir; je l'ai connu autrefois chez la princesse de Wagram; c'est un bien digne homme.* » A quoi je répondis : « Mais il est venu plusieurs fois pour te voir; je lui ai parlé deux fois et lui ai même promis que tu le recevrais aussitôt que tu serais mieux. » — *Oh! non, j'irai le voir, ma première visite sera pour lui; combien je suis touché des visites de ce bon archevêque : dans le temps, il a déjà eu la bonté de m'envoyer un ecclésias-*

tique, pour me prévenir qu'il n'était pour rien dans l'affront fait à mes enfans, lors de la distribution des prix (1), et que tout le blâme devait retomber sur le maître de pension. »

M. Dupuytren assura de nouveau que l'archevêque était un homme très-tolérant : qu'il s'était fort bien conduit lors de la loi du sacrilége; qu'enfin il ne pouvait mieux le comparer qu'à Fénélon, sans toutefois lui en accorder tout l'esprit. Ces Messieurs sortirent ; M. Dupuytren me dit : « Je vais au château; si j'y rencontre l'archevêque, que lui dirai-je? — Mais tout ce qui vient de se passer chez mon oncle; que j'ai tenu ma parole; que je l'ai instruit des visites de M. l'archevêque, et que, s'il le demande, j'aurai l'honneur de le faire prévenir à l'instant. » M. Dupuytren ne trouva pas le prélat; il lui écrivit que Talma était instruit de ses visites; qu'il pouvait se présen-

---

(1) L'archevêque de Paris s'étant rendu à la pension de M. Morin, pour faire la distribution des prix, les jeunes fils de Talma ne furent point appelés devant le prélat, et ne reçurent qu'après son départ et en secret les prix qu'ils avaient mérités. C'est cette circonstance qui détermina Talma à faire élever ses enfans dans la religion réformée.

ter; qu'il serait reçu. M. l'archevêque vint effectivement le soir, mais il fut reçu par moi, *comme de coutume.* Plusieurs personnes étant dans la chambre voisine entendirent toute la conversation.

Le lendemain, M. Dupuytren s'excusa auprès de moi, en présence de M. Alphonse Marchais, de ce qu'il avait, sans y être autorisé, écrit à l'archevêque de se présenter et qu'il serait reçu par mon oncle, ajoutant ces propres paroles : « J'ai fait une école; je croyais que vous auriez eu le temps de disposer votre oncle à recevoir monseigneur; je suis on ne peut plus fâché de ma démarche. » Ce ne fut que le second jour de son arrivée que M. Ch. Jannin put voir son oncle, qui s'entretint fort long-temps avec lui d'affaires de théâtre, et lui donna plusieurs conseils. Le soir même, 18 octobre, vers les dix heures, M. Jannin lui fit ses adieux et repartit pour Bruxelles, où il était forcé de se trouver le 20 pour acquitter l'engagement qu'il avait contracté envers l'administration du théâtre royal. Vers les onze heures, mon oncle me dit : « *Quand tu seras à Bruxelles, tu iras voir M. Van Gobbelschroy* (ministre de l'intérieur), *tu lui diras que je ne peux lui écrire... tu vois?...* » Il fit un signe de la main pour me montrer sa personne, et dit avec un accent pénible : « *Pauvre nature!... tu le prieras de te conserver sa protection, et si....* » (Je supprime ici des détails qui me sont personnels.) Il s'endormit. La nuit fut assez tranquille; la respiration seulement était très-accélérée; il ne parla pas de toute la nuit.

Le 19 octobre, à six heures du matin, il me dit : « *Amédée, tu ne pars donc pas?...* — Il n'y avait pas de place à la diligence. *Quand pars-tu?* — Demain matin. — *A quelle heure?* — A six heures, si toutefois je puis trouver une place. — *Tu me trompes? Vous n'avez pas pu me tirer de là, tu veux rester jusqu'à la fin. Si j'eusse été un homme ordinaire vous m'auriez sauvé, on a tâtonné, ma mort ne servira qu'à vous faire connaître ce que vous devrez faire pour un autre. Voilà donc la médecine!... Je voudrais bien arranger mes affaires; où sont MM. Nicod et Jonquoy?* — Ils sont sans doute chez eux; si tu veux je les enverrai chercher; c'est un caprice de malade qu'il faut te passer. — *Mais ils ne viendront pas à cette heure?* — Je t'assure qu'ils seront ici dans un instant. — *Tu me trompes encore,* dit-il, (en me montrant du

doigt indicateur) *ils sont là, je les ai entendus
cette nuit.* — Pour te prouver le contraire,
voilà ton jardinier, nous allons lui dire d'aller
chez ces Messieurs. — *Ah! ah! c'est Louette;
je n'ai pas compté avec lui depuis deux mois,
tu le diras à Madame, cela est essentiel.
Où donc est Caroline ? elle m'abandonne.* —
Elle dort. — *Tais-toi donc; elle pleure!
Quelle heure est-il ?* — Six heures. — *Il est
toujours six heures avec toi. Je n'entends pas
l'heure avec cette montre.* — Veux-tu une
pendule ? — *Oui; va chercher celle qui est
dans ma chambre à coucher, j'ai mes raisons.
Te voilà, Caroline! il faut porter toutes tes
affaires là-haut, entends-tu ?»* Un instant
après il me dit : «*Amédée, tu pars donc demain ?* — Je crois que oui. — *Si tu vois le
Roi, tu lui feras mes excuses, tu lui diras..
que je ne puis...»* Il n'en dit pas plus. Plusieurs
personnes de la famille arrivèrent successivement; il leur parla à toutes avec bonté et
tendresse : ensuite, se passant la main sur la
figure, il dit : — «*Je suis bien laid, n'est-ce
pas ? ma barbe...* — On te la fera aujourd'hui.
— *Ah! bien! donnez-moi un miroir. Je t'assure que je perds la vue, je n'y vois pas. J'ai
une alèze sous moi, n'est-ce pas ?* — Oui. —

Mais il faut la changer, je veux que tout cela soit très-propre. Faites donc quelque chose à mes yeux, je les perdrai; je n'y vois presque pas ce matin. » (Il s'est toujours fort inquiété de ses yeux dans tout le cours de sa maladie, et même durant sa vie.)

Il est neuf heures. MM. les notaires arrivent ainsi que M. Davilliers; il leur donne la main, leur dit bonjour, et ne leur parle pas d'affaires. La langue s'épaissit de plus en plus; il parle à voix basse; nous ne comprenons pas ce qu'il dit : MM. Arnault et Jouy arrivent, le premier l'embrasse très‑tendrement et laisse échapper le mot *adieu!...* Mon oncle sort de son assoupissement, et reprenant toutes ses facultés dit : « *Tu pars donc? —* Oui, répliquai‑je vivement, M. Arnault part pour Bruxelles, ainsi que M. Jouy. Je fis avancer ce dernier qui n'osait approcher, crainte d'augmenter l'émotion du malade. Ces Messieurs l'embrassent; il leur dit *adieu!* Ils étaient déjà à quelques pas, lorsque mon oncle, tournant la tête de leur côté, leur dit, en faisant un geste de la main : « *Adieu! oui, mes amis, partez vite, cela me donne l'espoir de vous revoir encore.* » Après cette scène, il devint très‑faible, parlait souvent sans qu'on pût le

comprendre ; puis , reprenant ses sens, il indiquait ses yeux. On amène ses enfans; il leur
donne la main qu'ils embrassent. Un peu plus
tard il prononce ces mots très-distinctement :
« *Voltaire !...* (Il lève les yeux vers le ciel,
puis continue) *comme Voltaire !.... toujours
comme Voltaire !* » Il était onze heures pas-
sées ; il dit encore ces dernières paroles :
« *Le plus cruel de tout cela est de n'y pas
voir.* » Un instant après, un meuble ayant
fait entendre un bruit assez fort, mon oncle
tourna un peu la tête de notre côté ; une
dame qui venait d'arriver lui prit la main,
et lui ayant dit : « Talma! c'est moi! mademoiselle Hénocq! » Il fit un petit signe des yeux
et lui serra la main. Onze heures et demi son-
nèrent, mon oncle prit son mouchoir avec
ses deux mains, le porta lentement à sa bouche qu'il essuya, puis derrière la tête, le te-
nant toujours avec les deux mains; celles-ci
retombèrent bientôt. J'en saisis une, il serra
légèrement la mienne, puis ne fit plus aucun
mouvement; la respiration devint presque im-
perceptible : enfin le dernier soupir s'échappa
à onze heures trente-cinq minutes, sans la
plus petite convulsion, ni contraction des
muscles de la face.

Plus tard deux peintres prirent un dessin de la tête. M. David, statuaire, prit l'empreinte pour faire un buste (1). Un autre peintre dessina la chambre, le lit et marqua la place qu'occupaient les personnes qui se trouvaient présentes aux derniers momens.

Cent mille personnes ont assisté aux funérailles de Talma ; le pouvoir seul, protecteur obligé des arts qui font la gloire et la prospérité des nations, n'y a pris aucune part. Lorsque Garrick, l'honneur de la scène britannique, comme Talma le fut de la scène française, paya à la nature le tribut dont elle n'a exempté ni la puissance, ni les vertus ni les talens, quatre pairs d'Angleterre tinrent à honneur d'accompagner cet homme illustre au dernier asile qui lui avait été assigné au milieu des tombes royales, et de porter les coins du poêle qui couvrait son cercueil ; les journaux français n'ont pas annoncé qu'un seul des membres des hautes autorités de l'État ait assisté aux funérailles de Talma ! »

_____

(1) La commission nommée pour régler l'emploi des fonds versés pour le monument de Talma, a chargé M. David d'exécuter la statue en marbre de ce grand tragédien, qui sera placée dans le foyer de la Comédie française.

LISTE

DES ROLES NOUVEAUX

QUI ONT ÉTÉ JOUÉS PAR TALMA

DEPUIS 1788 JUSQU'EN 1826.

———◆◇◆———

CLÉANDRE, dans la *Jeune Épouse*, comédie en trois actes et
en vers, de Cubières. (4 juillet 1788.)

LE CHEVALIER TRISTAN, dans *Lanval et Vivianne*, ou *les Fées
et les Chevaliers*, comédie héroïque d'André
Murville. (13 septembre 1788.)

LE COMTE D'ORSANGE, dans le *Présomptueux* ou *l'Heureux
Imaginaire*, comédie de Fabre d'Églantine.
(7 janvier 1789.)

LE GARÇON ANGLAIS, dans les *Deux Pages*, comédie de
Dezède. (6 mars 1789.)

LE CHEVALIER DE SABRAN, dans *Raymond V, comte de
Toulouse*, ou *le Troubadour*, comédie héroïque
de Sedaine. (22 septembre 1789.)

CHARLES IX, dans *Charles IX* ou *la Saint-Barthélemy*,
tragédie de Chénier. (4 novembre 1789.)

JUAN, dans le *Paysan Magistrat*, drame de Collot
d'Herbois. (7 décembre 1789.)

D'HARCOURT, dans le *Réveil d'Épiménide à Paris*, comédie
de Flins des Oliviers. (1er. janvier 1790.)

LE COMTE D'AMPLACE, dans *l'Honnête Criminel*, drame de
Fenouillot de Falbaire. (4 janvier 1790.)

Dorvigny, dans le *Comte de Cominges*, drame de Dar-
naud Baculard. (14 mai 1790.)

J.-J. Rousseau, dans le *Journaliste des Ombres*, ou
Momus aux Champs-Élysées, pièce héroïque en
un acte et en vers, de M. Aude. (14 juillet
1790.)

Henri VIII, dans *Henri VIII*, tragédie de Chénier.
(27 avril 1791.)

Cléry, dans *l'Intrigue Épistolaire*, comédie de Fabre
d'Églantine. (15 juin 1791.)

Jean, dans *Jean sans Terre*, tragédie de Ducis. (28 juin
1791.)

Lasalle, dans *Jean Calas*, tragédie de Chénier. (6 juillet
1791.)

Le prince époux de Zuléïma, dans *Abdelazis et Zuléïma*),
tragédie d'André Murville. (3 octobre 1791.)

Alonzo, dans *la Vengeance*, tragédie imitée de l'anglais,
par M. Dumaniant. (26 novembre 1791.)

Monval, dans *Mélanie*, drame de La Harpe. (7 décembre
1791.)

Fulvius Flaccus, dans *Caïus Gracchus*, tragédie de Chénier. (7 février 1792.)

Othello, dans le *Maure de Venise*, tragédie de Ducis.
(26 novembre 1792.)

Delmance, dans *Fénelon*, tragédie de Chénier. (9 février
1793.)

Mutius Scévola, dans *Mutius Scévola*, tragédie de Luce
de Lancival. (23 juillet 1793.)

NÉRON , dans *Épicharis et Néron*, tragédie de Legouvé.
(3 février 1794.)

TIMOLÉON, dans *Timoléon*, tragédie de Chénier. (11 septembre 1794.)

SERVILIUS, dans *Quintus Cincinnatus*, tragédie de M. Arnault. (31 décembre 1794.)

PHARAN, dans *Abufar*, tragédie de Ducis. (12 avril 1795.)

QUINTUS FABIUS, dans *Quintus Fabius*, tragédie de Legouvé. (31 juillet 1795.)

DORLIS , dans *les Artistes*, comédie de Colin d'Harleville.
(9 novembre 1796.)

J UN, da n s *Junius* ou *le Proscrit*, tragédie de M. Monvel fils. (3 avril 1797.)

ÉGISTHE, dans *Agamemnon*, tragédie de M. Lemercier.
(25 avril 1797.)

KALEB, dans *Falkland*, drame de M. Laya. (25 ma
1797.)

MONCASSIN, dans *les Vénitiens*, tragédie de M. Arnault.
(15 octobre 1798.)

THAULUS , dans *Ophis*, tragédie de M. Lemercier.
(22 décembre 1798.)

ÉTÉOCLE, dans *Étéocle et Polynice*, tragédie de Legouvé.
(19 octobre 1799.)

PNTO, dans *Pinto*, comédie de M. Lemercier. (22 mars
1800.)

MONTMORENCY, dans *Montmorency*, tragédie de M. Carrion
de Nisas. (1er. juin 1800.)

Thésée, dans *Thésée*, tragédie de M. Mazoyer. (25 novembre 1800.)

Phædor, dans *Phædor et Waldamir*, tragédie de Ducis. (24 avril 1801.)

Don Pèdre, dans *le Roi et le Laboureur*, tragédie de M. Arnault. (5 juin 1802.)

Orovèze, dans *Ysule et Orovèze*, tragédie de M. Lemercier. (23 décembre 1802.)

Shakspeare, dans *Shakspeare amoureux*, comédie de M. Alexandre Duval. (2 janvier 1804.)

Ulysse, dans *Polyxène*, tragédie de M. Aignan. (14 janvier 1804.)

Harold, dans *Guillaume le Conquérant*, drame de M. Alexandre Duval. (4 février 1804.)

Cyrus, dans *Cyrus*, tragédie de Chénier. (8 décembre 1804.)

Marigny, dans les *Templiers*, tragédie de M. Raynouard. (24 mai 1805.)

Henri IV, dans la *Mort de Henri IV*, tragédie de Legouvé. (25 juin 1806.)

Omasis, dans *Omasis*, tragédie de M. Baour-Lormian. (13 septembre 1806.)

Pyrrhus, dans *Pyrrhus*, tragédie de M. Lehoc. (28 février 1807.)

Plaute, dans *Plaute, ou la Comédie latine*, comédie de M. Lemercier. (20 janvier 1808.)

Hector, dans *Hector*, tragédie de Luce de Lancival. (1er février 1809.)

Le duc de Guise, dans les *États de Blois*, tragédie de M. Raynouard. (22 juin 1810.)

Mahomet, dans *Mahomet II*, tragédie de M. Baour-Lormian. (9 mars 1811.)

Tippo-Saeb, dans *Tippo-Saëb*, tragédie de M. de Jouy. (27 janvier 1813.)

Ninus II, dans *Ninus II*, tragédie de M. Briffaut. (19 avril 1813.)

Duguesclin, dans *la Rançon de Duguesclin*, comédie héroïque de M. Arnault. (17 mars 1814.)

Ulysse, dans *Ulysse*, tragédie de M. Lebrun. (28 avril 1814.)

Rutland, dans *Arthur de Bretagne*, tragédie. (3 février 1816.)

Germanicus, dans *Germanicus*, tragédie de M. Arnault. (22 mars 1817.)

Leycester, dans *Marie Stuart*, tragédie de M. Lebrun. (6 mars 1820.)

Clovis, dans *Clovis*, tragédie de M. Viennet. (19 octobre 1820.)

Jean de Bourgogne, dans *Jean de Bourgogne*, tragédie de M. de Formont. (4 décembre 1820.)

Sylla, dans *Sylla*, tragédie de M. Jouy. (27 décembre 1821.)

Régulus, dans *Régulus*, tragédie de M. Lucien Arnault. (5 juin 1822.)

Oreste, dans *Clytemnestre*, tragédie de M. Soumet. (5 novembre 1822.)

Ébroïn, dans *le Maire du Palais*, tragédie de M. Ancelot. (16 avril 1823.)

Danville, dans *l'École des Vieillards*, comédie de M. Casimir de Lavigne. (6 décembre 1823.)

Glocester, dans *Jane Shore*, tragédie de M. Lemercier. (1er. avril 1824.)

Le Cid, dans *le Cid d'Andalousie*, tragédie de M. Lebrun. (1er. mars 1825.)

Abiatar, dans *la Clémence de David*. (7 juin 1825.)

Bélisaire, dans *Bélisaire*, tragédie de M. Jouy. (28 juin 1825.)

Léonidas, dans *Léonidas*, tragédie de M. Pichat. (26 novembre 1825.)

Charles VI, dans *Charles VI*, tragédie de M. Delaville (6 mars 1826.)

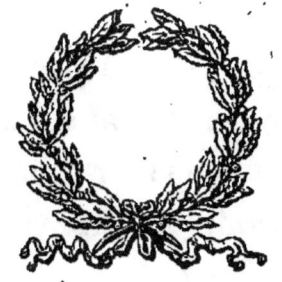

DISCOURS

PRONONCÉS

SUR LA TOMBE DE TALMA,

PAR M. LAFONT,

SOCIÉTAIRE DU THÉATRE-FRANÇAIS,

ET MM. ARNAULT ET JOUY.

———◄◆►———

Discours de M. Lafont.

« MESSIEURS,

» A la vue de cette multitude immense réunie dans le champ du repos et du deuil, à cette douleur silencieuse et profonde qui se lit sur tous les visages, à ces innombrables regards tristement concentrés autour d'un cercueil et fixés sur la fosse où il va bientôt s'engloutir, un étranger, que le hasard amènerait subitement parmi nous, demanderait quelle est la victime illustre que la mort vient de s'immoler, et nous lui aurions tout appris en prononçant un mot : *c'est Talma!*

» Ce nom, Messieurs, ce nom consacré pour jamais à l'admiration des amis des arts, de-

vrait terminer l'éloge de notre immortel camarade.

» Que peuvent ajouter les discours à la gloire
dont il est couvert? Mais il est des devoirs
pieux imposés à l'amitié, à la reconnaissance,
à la confraternité : l'hommage rendu à la
cendre des morts célèbres est l'acquit d'une
dette sacrée, un motif d'émulation pour ceux
qui leur survivent, un soulagement à leurs
douleurs. Qu'à tous ces titres, il soit permis à
celui qui s'honore d'avoir été l'ami, le collègue
et, sous tant de rapports, le disciple respec-
tueux de Talma, d'élever sa faible voix pour
honorer sa mémoire, et de rappeler à vos souvenirs quelques traits de ce talent sublime,
modèle à la fois et désespoir de ceux qui se
sont dévoués à la même carrière.

» La France vit naître Talma. Les premières
années de sa vie, écoulées à Londres dans le
sein de sa famille, qui y était établie, ont
accrédité l'erreur que l'Angleterre fut sa patrie. Non, Messieurs, la ville qui vit naître
Lekain donna aussi naissance à Talma; la
cendre de Talma va reposer auprès de son
berceau.

» Les amis de l'art dramatique n'ont rien à
envier à l'Angleterre; elle se glorifie de Gar-

rick, et la France prononcera toujours avec orgueil les noms illustres de Lekain et de Talma.

» Comme Lekain, il fut aussi destiné pendant quelque temps à exercer la modeste profession de son père; comme Lekain, un génie irrésistible l'arracha à l'atelier paternel. Il avait revu la France : bien jeune encore, il avait assisté à la représentation de quelques-uns de ces chefs-d'œuvre dont une éducation soignée lui permettait d'apprécier les beautés : sa vocation se décida, sa place était marquée au Théâtre-Français. Il revit son père, repassa en France, et, après des études préparatoires, il obtint la faveur, plus difficilement accordée à cette époque que de nos jours, de débuter à la Comédie-Française.

» Il y parut pour la première fois, il y a trente-neuf ans, par le rôle de Séide dans *Mahomet.*

» Si son essai fut heureux et donna des espérances qui ne tardèrent pas à être surpassées, Ducis devina et prédit les destinées du jeune élève de Melpomène. Si, comme on n'en peut douter, les encouragemens d'un poëte célèbre furent un service immense, *Macbeth*, *Othello*, *Hamlet*, *Pharan*, sont là pour attester que ce

service n'était pas tombé dans une terre ingrate.

» Ce que l'on avait remarqué d'abord dans
Talma, c'était l'élégante régularité de la taille
et des traits, un organe ferme et vigoureux,
un œil ardent et expressif, une grande mobilité de physionomie.

» Mais pour développer avantageusement ces
heureuses qualités, il lui fallait une occasion
marquante, un rôle extraordinaire. Cette occasion se présenta ; ce rôle lui fut donné.
C'est en effet de la tragédie de *Charles IX*
que date cette réputation qui devait s'accroître
de jour en jour. On n'a pas encore oublié la
sensation terrible que Talma produisit dans
la scène des fureurs et du désespoir de Charles.
Dès lors se trouva vérifiée la prédiction de
Ducis : « Il y a bien de la fatalité sur ce front-
là. »

» Par suite d'événemens qu'il est inutile de
rappeler, Talma passa sur un autre théâtre.

» Maître absolu et chef du premier emploi
de la tragédie, Talma put en liberté donner
l'essor à son génie, et perfectionner un talent
encouragé par la faveur publique, et varié
sans cesse dans les rôles nouveaux.

» Ce fut alors aussi que, pour ajouter à

l'illusion déjà produite par l'énergie de son débit et par le jeu de sa physionomie, il s'appliqua à porter dans les costumes la vérité d'imitation qu'il avait introduite dans les autres parties de son art.

» Ni soins, ni recherches, ni dépenses, ne lui coûtèrent pour arriver en ce genre au dernier degré d'exactitude.

» Lié de bonne heure avec les grands artistes de la capitale, il leur demanda des conseils, étudia leurs tableaux, fouilla dans leurs portefeuilles. On le vit, assidu dans les bibliothéques, interroger les monumens des différens âges, et reporter ensuite sur la scène le résultat de ses études laborieuses. Les amateurs, les propriétaires de riches collections, se faisaient un plaisir de lui ouvrir leurs cabinets, de dérouler à ses yeux les trésors qu'ils étaient fiers de posséder exclusivement, et s'applaudissaient ensuite de les voir reproduits au théâtre dans une copie animée, en quelque sorte, par une seconde création.

» Donner l'exemple de la fidélité des costumes, c'était en faire une loi générale. Tout fut réglé à la Comédie-Française sur le modèle de Talma.

» C'est grâce à une innovation qui est son

ouvrage, que la scène est devenue une immense galerie où sont étalées successivement, avec toute la sévérité d'une imitation savante, les habitudes extérieures des peuples et des personnages de trente siècles.

» N'attendez pas, Messieurs, que je passe en revue cette série innombrable de rôles que Talma a marqués du cachet ineffaçable de son génie particulier. Que vous dirais-je qui ne soit présent à vos pensées, et qui n'excitât en vous de bien brillans, mais aujourd'hui de bien pénibles souvenirs?

» Il faudrait citer tous les ouvrages de Corneille, de Racine, de Crébillon, de Voltaire, de Ducis, de Chénier, de Legouvé, de tous leurs successeurs aujourd'hui vivans, et que j'aperçois en ce moment groupés autour de cette tombe fatale, mêlant leurs larmes avec les nôtres, et gémissant comme nous de la perte de leur plus digne interprète. Et où trouverais-je des expressions pour vous rendre sensibles les nuances à la fois délicates et profondes par lesquelles il savait si bien distinguer le fatalisme d'Œdipe de celui d'Oreste; l'amour adultère de Néron, de la passion incestueuse de Pharan; la faiblesse poussée au crime dans Macbeth, d'avec le crime poussant la fai-

blesse de sa complice à l'assassinat d'un époux
et d'un roi dans Agamemnon? Qui peut avoir
oublié le ton noble, touchant et presque fami-
lier avec lequel il jouait Germanicus, et, par
un contraste si remarquable, l'âpreté sévère et
stoïque de ses accens dans Régulus?

» Mais dans la foule de tous ces rôles dont
chacun est un titre de gloire pour Talma,
puis-je passer sous silence ces trois grands
rôles de Joad, de Sylla, de Charles VI, qui,
dans des genres si opposés, ont montré tout
ce que peuvent inspirer à un acteur tragique
de grand, de terrible, de pathétique, la religion, l'exercice de la puissance suprême, et
une infortune royale comblée par la perte du
plus beau présent du ciel, la raison et l'intelligence?

» Tels furent, vous le savez, Messieurs, les
derniers trophées que Talma éleva à la re-
nommée dans sa carrière théâtrale, et c'est
sous ces trophées qu'il a été en quelque sorte
s'ensevelir.

» Hélas! cette carrière si longue, et qui aurait absorbé les forces ordinaires de tout autre
acteur, combien elle a paru abrégée pour notre
instruction et pour nos plaisirs!

» Parvenu à un âge qui nous donne le si-

gnal de la retraite, son talent semblait rajeunir
à mesure que les années s'accumulaient sur sa
tête ; et ce qui s'appelle ordinairement la vieil-
lesse n'était encore pour lui que l'époque d'une
maturité vigoureuse.

» Disons-le même avec l'accent de cette vérité à laquelle le tombeau ouvre un asile invio-
lable : ce talent s'était agrandi en se rappro-
chant du terme où il allait être moissonné. Des
défauts que lui-même se reprochait plus ri-
goureusement que la plus sévère critique ne
les lui aurait jamais reprochés, avaient cédé à
l'opiniâtreté du travail et aux leçons de sa
propre expérience. Sa sensibilité s'était accrue
de tout ce qui a coutume de l'émousser et de
l'éteindre. Sa déclamation, sans rien perdre de
son énergie, avait gagné en variété, en inflexions tendres et touchantes. L'art était d'autant plus admirable qu'il le cachait sous une
noble et naturelle simplicité ; il suffit de se le
rappeler dans Germanicus, Leycester, Régulus ; et pour ne point taire ses succès dans
la comédie, les rôles de Danville, de Shakes-
peare, viennent appuyer mes éloges.

» Ceux qui ont assez vécu pour avoir vu
les premières et les dernières années de Talma
me comprendront facilement. Deux acteurs

ont existé dans ce grand tragédien, tous deux ont été étonnans; le second put seul être plus étonnant que le premier.

» Tu te tais, ombre chérie! Je ne te parle point ici le langage d'une adulation forcée; je répète sur ta cendre l'expression des hommages que tu te plaisais, vivant, à recueillir de la bouche de ton camarade, de ton admirateur, de ton ami.

» Vingt-six ans passés j'ai partagé avec toi, je ne dirai point ta gloire, mais les épreuves journalières d'un travail que ce partage même rendait si périlleux : et toi, enfin, tu encourageas souvent mes essais, tu me soutins par ton amitié contre le danger de la concurrence que nul ne redoutait autant que moi; j'ai vu plus d'une fois ta généreuse indulgence soutenir ma faiblesse, me départir libéralement les occasions de te seconder, de te suivre, quoique de loin, dans ta carrière glorieuse. Ah! laisse-moi déposer en ce moment sur ton cercueil quelques feuilles de ces lauriers dont tu as fait de si longues, de si riches, de si continuelles moissons!

» C'est la modeste offrande de la reconnaissance et d'une admiration sans bornes. Ombre vénérée et chérie, si tu es encore sensible aux choses d'ici-bas; si, comme il nous est permis de l'espérer, comme je le crois et je l'espère, semblable à cet Achille dont je tentai plus d'une fois avec toi de ressusciter la grande âme, tu n'es pas descendu tout entier au tombeau, reçois cet adieu douloureux et solennel; il part d'une voix qui te fut connue.

» Adieu, Talma; repose en paix dans ces demeures solitaires où l'on croira voir planer ton génie. Adieu , homme bon dans ta vie privée, homme admirable dans ta vie d'artiste.

» N'entends-tu pas tressaillir à ton arrivée les ombres de ces auteurs célèbres par leur propre gloire, plus célèbres encore par l'appui de la tienne? Ces ombres s'empressent au-devant de toi; ne les vois-tu pas détacher de leurs fronts les branches des palmes immortelles qui les couronnent pour en décorer le tien?

» Et nous, mes chers camarades, le lieu de la sépulture de Talma sera pour nous le sanctuaire auquel nous viendrons demander des oracles et implorer des inspirations.

» Sa mémoire ne périra jamais dans tous les pays du globe où est allumé le feu sacré des arts. Ah! tant qu'il existera un seul d'entre nous qui aura eu l'honneur d'être associé à la gloire dont il couvre la scène française, ce

sera un besoin pour lui de visiter ce lieu fu-
nèbre, et de venir y puiser des émanations
qui échauffent, qui fassent naître les talens,
d'y porter un hommage sans cesse renaissant
à l'excellent homme qui fut notre ami, et qui
sera à jamais notre modèle.

» Adieu, Talma! »

Discours de M. Arnault.

« MESSIEURS,

» Si le droit de servir d'interprète à la douleur publique n'était attaché aujourd'hui qu'à
la supériorité du talent, ma voix ne se ferait
pas entendre dans cette enceinte; mais on a
cru que c'était au doyen des auteurs tragiques
qu'il convenait d'exprimer, sur le cercueil du
plus grand des acteurs tragiques, les regrets
de tous les hommes qui apprécient la perte
irréparable que vient de faire le premier des
arts. J'accepte, en l'absence de l'auteur d'*Agamemnon*, ce douloureux honneur, mais à
regret. Le poëte qui a fait parler à Talma

un langage si sublime, en aurait parlé si di-
gnement !

» C'est moins, au reste, l'acteur que je
veux faire connaître ici que l'homme privé.
Depuis cinq mois que Melpomène est menacée
d'un éternel veuvage, depuis cinq mois que
la mort est restée suspendue sur la tête du
moderne Esopus, tout a été dit sur son talent,
qui était d'autant mieux apprécié, qu'on se
voyait plus près d'en être privé. Mais on a peu
parlé de son caractère. Sous ce rapport aussi,
qu'il est digne de regrets ! qu'il était fait aussi
pour être aimé celui qui s'est tant fait admirer !

» Quarante ans d'une amitié mutuelle m'ont
mis à même de connaître à fond cet excellent
homme. Ardent et généreux, son cœur était
passionné pour le bien, comme son esprit
l'était pour le beau ; son cœur fut, autant que
son génie, le foyer d'un talent sublime.

» Il n'y a point d'exagération en ceci. Quoique ce soit un de ses amis qui parle, ce n'est
pas en ami qu'il en parle.

» Notre amitié, qui date des premiers temps
de la révolution, se forma en dépit d'elle. Je
pensais alors que rien ne devait être changé à
l'ordre ancien ; il pensait, lui, qu'il y fallait

tout changer. L'opinion raisonnable était entre nos deux opinions, et c'est à elle que l'expérience et la réflexion devaient nous ramener.

» En attendant le changement qui devait s'opérer dans notre pensée, notre enthousiasme pour un art où nous cherchions chacun une illustration différente, et où il devait trouver la gloire, hâta notre rapprochement. D'ailleurs, nous ne différions pas de sentimens en morale; point sur lequel les âmes honnêtes seront toujours d'accord. Sous ce rapport, nous avons toujours été du même parti : j'eus bientôt occasion de le reconnaître.

» Déplorant les malheurs de la révolution, exécrant ses fureurs sans néanmoins abjurer ses principes, il ne dissimulait pas son horreur pour les hommes qui firent jaillir tant de mal d'une source d'où il attendait tant de bien. Au milieu de la guerre que se livraient, au nom de la liberté, les oppresseurs de cette liberté, s'attachant au parti qu'il regardait comme le moins incompatible avec l'humanité, il se trouva bientôt en butte à la haine des proscripteurs, contre laquelle il n'eut de protecteur que son talent.

» Le pouvoir dont les plus forts s'étaient armés contre lui, se tourna enfin contre eux-mêmes. Proscrits à leur tour, ils lui demandèrent alors la protection qu'avaient déjà trouvée chez lui, contre eux, les infortunés qu'ils avaient proscrits.

» La porte de sa maison ne se ferma jamais aux supplians : aussi les héros des partis les plus opposés se rencontrèrent-ils plus d'une fois dans ce refuge.

» Les contre-révolutionnaires n'avaient pas été moins malveillans pour Talma, que les ultra-révolutionnaires. Après la journée de vendémiaire, qui renversa les espérances des ennemis de la liberté, un d'eux chercha, chez cet ami de la liberté, un abri contre le sort qui, dans les révolutions, menace toujours les vaincus. Depuis quatre mois, à la suite d'une conspiration tramée en prairial, dans un but tout contraire, mais par une fureur toute semblable, se cachait chez Talma un autre ennemi du système de modération auquel les bons esprits commençaient à se rallier. Ces hommes habitèrent quelque temps à l'insu l'un de l'autre sous le même toit; sous le toit de l'homme dont l'un et l'autre avaient également voulu la perte; ils étaient admis alternativement à sa table. Un jour même, je les vis s'y asseoir ensemble à côté de Talma, qui s'y trouvait entre ses deux ennemis, avec lesquels leur infortune l'avait réconcilié, mais qu'elle ne réconcilia pas entre eux. Ces deux hommes, auxquels il pardonnait, loin de suivre son généreux exemple, recommencèrent la guerre dans l'asile ouvert à leur commun danger, et Talma fut obligé de les sauver l'un de l'autre, tout en les sauvant de la vengeance d'un gouvernement qui les poursuivait tous les deux.

» Sa vie est pleine de faits qui, pour être moins piquans, ne sont pas moins honorables. Jamais âme ne fut plus absolument, plus constamment ouverte aux affections généreuses. Jamais on ne sollicita sa pitié en vain. A l'époque même où le malheur pesait sur lui comme sur tout le monde, quand il voyait un malheureux, il oubliait ses propres besoins pour soulager ceux d'autrui, et, dans sa noble imprévoyance, il prodiguait l'argent que bientôt après il était obligé d'emprunter pour lui-même. Libéral dans le malheur comme dans la prospérité, il n'est pas un bienfait public auquel il n'ait contribué, indépendamment du bien qu'il faisait en secret.

» Facile jusqu'à la faiblesse dans les habitudes de la vie, il n'en était pas moins ferme dans les circonstances extraordinaires. Incapable de transaction en fait d'honneur, c'est dans une conviction intime de bien faire qu'il trouvait le principe de sa fermeté.

» Aimable par ses qualités, par ses défauts même, pouvait-il n'être pas aimé? Son caractère lui faisait bientôt un ami de l'admirateur que lui avait fait son talent.

» De ce nombre ont été presque tous les hommes qui ont illustré la France à l'époque où elle resplendissait de tant de gloires diverses. A commencer par Mirabeau, qui, le premier, nous fit connaître le pouvoir de l'éloquence tribunitienne; par Dumouriez, qui, le premier, attacha la victoire à notre nouvel étendard; par Chénier, qui prouva que, sans suivre servilement la trace des grands maîtres, on pouvait obtenir sur la scène des succès avoués de la raison; par David, qui, tout en rendant à la peinture française une vérité qu'elle avait perdue avec Lesueur, lui a donné une énergie qu'elle n'avait jamais possédée, il est peu d'orateurs, de guerriers, de poëtes et d'artistes célèbres qui n'aient recherché le commerce de cet homme, dont l'âme était au niveau des génies les plus sublimes, et qui n'exprimait avec tant de vérité les sentimens les plus élevés, et avec tant de clarté les pensées les plus profondes, que parce que sa nature était en harmonie avec tout ce qu'il y a de parfait.

» L'homme du siècle qui l'avait connu comme ami avant les jours de sa puissance, s'honora de le conserver comme favori aux jours de sa gloire.

» Hélas! que reste-t-il d'eux et de lui? des cendres qui dorment dans cette enceinte où va dormir la sienne.

» Mais ne lui reste-t-il pas, comme à eux, une réputation immense, une réputation immortelle comme notre civilisation?

» Dans un pays où la civilisation est portée à un si haut degré qu'en notre belle France, ce sont des besoins de première nécessité que les plaisirs de l'esprit, parmi lesquels ceux que donne le théâtre tiennent le premier rang. L'homme qui en a étendu la puissance a bien mérité de la patrie. Jouis donc, cher ami, des larmes que ta mort obtient de la plus aimable des nations, très-différentes de celles qui coulent à la mort des grands, mort qui n'afflige pas toujours ceux qui les pleurent; elles sont sincères les larmes que nous donnons à la mort de l'homme qui ne nous donna que des plaisirs. Mesurés à ton talent, nos regrets sont sans bornes. Dans la capitale des arts, la mort d'un grand artiste est une calamité publique.

» Puisse-t-il bientôt s'élever le monument qui doit constater la mesure et la durée de ces regrets! Puisse-t-il bientôt, entre les tombes des héros, à la hauteur desquels tes élans te portaient, et celles des hommes simples au niveau desquels te ramenait la simplicité de tes mœurs, prouver que la génération présente n'est pas ingrate, que la reconnaissance publique n'est pas stérile, et que la France a encore un Panthéon! »

Discours de M. Jouy.

« MESSIEURS,

» Qu'il est grand, qu'il est solennel le jour où les amis, les parens, les admirateurs d'un homme illustre viennent rendre à la terre sa dépouille mortelle! Talma! Ce mot, prononcé en présence de son ombre, semble faire planer au-dessus de nous tous les souvenirs de gloire, de grandeur et d'héroïsme dont sa vie fut environnée.

» Elle est donc pour jamais éteinte la voix sublime dont les derniers accens retentissent encore à nos oreilles! Le voilà couché sur la poussière des tombeaux où va se mêler la sienne, celui qui, pendant quarante ans, chaque soir, excita parmi nous de si généreux transports; l'interprète inspiré des plus beaux génies dont s'honore la France; l'homme de bien, de talent et d'esprit dont la perte met à la fois en deuil l'amitié, la patrie et les arts!

» C'est en vain que nous détournerions un moment nos regards de cette tombe où vont disparaître les restes d'un grand homme; où nos yeux s'arrêteront-ils dans cette enceinte, sans y retrouver la trace récente des larmes que nous y avons versées? Combien de mausolées autour de nous attestent les pertes irréparables que la France a faites dans ces dernières années! Comme elle s'effeuille cette couronne de lauriers dont elle avait paré sa tête au jour de nos triomphes! Le préjugé social peut établir des distinctions injustes entre des hommes différemment célèbres, aussi long-temps qu'ils vivent; mais, à leur mort, la patrie les

confond dans sa reconnaissance : le guerrier qui
versa son sang pour elle, le magistrat qui dé-
fendit ses lois, l'homme de lettres qui lui con-
sacra ses veilles, l'artiste qui étendit sa gloire,
ont droit aux mêmes honneurs contemporains,
et sont recommandés au même titre à la postérité.

 » Dans cet asile de la mort, vous n'attendez
pas de moi, Messieurs, l'éloge du prodigieux
talent dont la nature et l'art avaient doué de
concert Joseph-François Talma ; je craindrais,
dans un pareil moment, de reporter votre pensée vers les heures de plaisir et de fêtes dont
il sut embellir notre vie. C'est pour lui qu'il
réclame aujourd'hui les regrets et les pleurs
qu'il a si souvent arrachés pour de nobles infortunes. Il élève la voix du sein de la tombe,
et sa prière est arrivée jusqu'à nous.

 « J'ai honoré, nous dit-il, une profession
» où, pour exceller, il faut réunir toutes les
» qualités du corps, de l'esprit et du cœur ;
» j'ai cultivé, avec des succès inconnus jusqu'à
» moi, celui de tous les arts qui jette le plus
» d'agrémens dans la société, le seul où l'on
» ait résolu le grand problème de l'éducation :
» corriger, amuser et instruire. On a dit de
» moi ce qu'on avait dit de Tacite : « Il a puni

» le vice quand il l'a représenté. » Peut-être
» ajoutera-t-on : Il a récompensé la vertu quand
» il l'a reproduite sur la scène. Ce n'est point
» sans fruit pour moi-même que j'ai gravé si
» profondément dans le cœur et dans l'esprit
» de mes contemporains ces maximes de la
» raison et de la philosophie sur lesquelles se
» fondent la véritable grandeur des rois, la
» stabilité des états et le bonheur des peuples.
» J'avais dans le cœur la liberté, la justice et
» la tolérance que j'ai proclamées au théâtre
» sous l'inspiration des hommes de génie qui
» m'ont avoué pour leur interprète. J'aimais
» la gloire; elle était la récompense de mes
» longs et pénibles travaux; mais c'est à la
» bienfaisance, à la faculté de compatir à toutes
» les infortunes, au besoin de les soulager au-
» tant qu'il était en mon pouvoir, que j'ai dû
» les plus douces jouissances de ma vie; et
» les bénédictions des pauvres qui m'accompa-
» gnent au cercueil me flattent plus que le
» souvenir des acclamations qui m'ont suivi
» dans la carrière brillante que je viens d'a-
» chever. La postérité oubliera peut-être que
» je fus un grand acteur; mon ombre sera
» consolée si la génération à venir se souvient

» que je fus un honnête homme et un bon
» citoyen. »

« Ah! la postérité sera plus juste; elle dira
que Talma fut le premier de son siècle et de
tous les siècles écoulés jusqu'à lui, dans la
peinture des sentimens tendres, violens et pro-
fonds; qu'il fut digne, par la grandeur et l'au-
stérité de son génie, d'être comparé à David.
Mais c'est surtout la fierté simple et naïve de
son caractère que je dois rappeler à ses amis
en pleurs; c'est ce dévouement aux idées les
plus généreuses, aux sentimens les plus élevés, dont le type était dans son âme, qui con-
stituaient en lui cette beauté idéale qui le fit
admirer du monde.

» Il devina plus d'un grand talent, il en-
couragea plus d'un homme de mérite timide;
et sa bienfaisance, la première des vertus chré-
tiennes, est celle qui parle le plus haut pour
lui dans cette enceinte, où la religion d'un
Dieu de paix et de bonté ouvre le ciel aux
âmes charitables.

» Non, Talma! ton nom ne périra pas. Il est
associé à notre époque, il en porte le caractère
et l'empreinte; mais nous, tes amis, moi qui
dois tant au prestige de ton art; nous tous,
qui sommes en ce moment plus sensibles à ta

perte qu'à ta gloire, nous laissons à des voix plus éloquentes, à des cœurs plus froids, le soin d'analyser ton admirable talent : nous n'avons que des pleurs à t'offrir pour hommage ; laissons-les couler en silence après t'avoir adressé un éternel adieu.

« Adieu, Talma ; nos regrets s'éteindront avec notre vie, mais le temps n'effacera pas ton souvenir de la mémoire des hommes. »

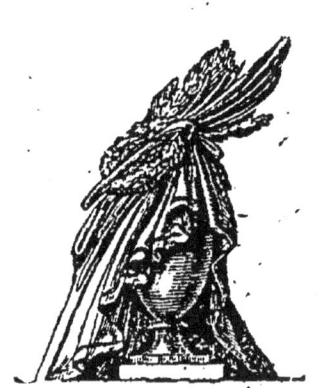

APPENDICE.

Nous avons cherché à analyser le talent de Talma, que tous ses contemporains, d'ailleurs, ont pu juger. Nous avons fait connaître quelques-unes de ses réflexions sur l'art qu'il a cultivé avec tant de succès. Les trois lettres suivantes achèveront de faire connaître ses opinions politiques, et donneront une idée de la grâce de son esprit. La première, écrite en 1790, est adressée à M. Coupigny, qui était alors à Saint-Domingue. La seconde est adressée à un jeune Hollandais, qui s'appelait aussi *Talma*. La troisième à M. Marron, président de l'Église consistoriale de Paris, par l'entremise duquel il avait reçu une thèse de son jeune homonyme.

A M. de Coupigny, à Saint-Domingue.

Paris, le 25 décembre 1790 (an 2 de la liberté.)

Ah! mon cher ami, que de reproches vous avez à me faire et combien ma négligence est coupable! Mais enfin à tout péché miséricorde, et n'accusez pas mon cœur ni ma mémoire d'une faute que mon insigne paresse et beaucoup d'affaires m'ont fait commettre.

Que de siècles, mon ami, se sont écoulés depuis votre départ : il me semble être dans un monde imaginaire. Que de choses nouvelles préssées, accumulées dans ce court espace de temps. Je vous ai souvent souhaité ici : j'aurais bien désiré vous communiquer toutes mes pensées, connaître toutes les vôtres. Je ne doute pas que nous n'ayons été parfaitement d'accord, et vous êtes trop instruit et avez trop de philosophie pour ne pas donner toute votre admiration à une constitution fondée sur la raison et l'humanité.

Oh! mon ami, que d'abus détruits, que de préjugés vaincus,

quelle foule d'institutions bizarres anéanties! Quel triomphe pour la philosophie! En vérité, je crois vivre dans un siècle de prodiges : on parle cependant de contre-révolution. On vient de découvrir encore une trame à Lyon; mais tous leurs efforts seront impuissans, et, à quelques troubles de local près, la constitution viendra à sa fin sans aucun échec. Mais laissons ce grand œuvre dont vous vous entretenez assez souvent probablement, et parlons un peu de nous.

Comment vivez-vous là-bas dans ce nouveau monde? Êtes-vous heureux? Prévoyez-vous pour vos intérêts un avenir satisfaisant? Les circonstances actuelles n'ont-elles pas changé vos vues? Écrivez-moi tout cela en détail, je vous en conjure; ne faites pas comme moi, point de paresse. Vous savez combien je m'intéresse à votre bonheur. J'ai passé chez M. votre père, il y a quelques mois; j'ai été lui demander votre adresse et lui faire part d'une occasion que j'avais pour vous faire passer des lettres : la sienne est partie, et vous l'avez sûrement reçue. Quant à la mienne, je l'avais reprise pour y faire un supplément; mais lorsque je la reportai, il était trop tard. Il me donna un discours que vous prononçâtes à la Société des Philadelphes et dont j'ai été très-content, excepté toutefois votre opinion sur Louis XIV dont le génie est furieusement éclipsé ici, depuis que la révolution a changé notre manière de voir et de juger. L'abbé de Saint-Pierre ne serait plus exclus aujourd'hui de l'Académie en osant attaquer le despote.

> Tout cet éclat vanté de la pompe royale
> N'offre, aux yeux éblouis des peuples à genoux,
> Que la grandeur d'un seul et l'opprobre de tous.
>
> . . . .
>
> Il fit tout pour la gloire et ne fit rien pour eux,
> Admiré des sujets qu'il rendit malheureux. (1)

Voilà comme on habille aujourd'hui ce pauvre Louis XIV sur notre théâtre, et le public applaudit.

---

(1) Ces vers se trouvent dans le *Réveil d'Épiménide à Paris*, comédie de Flins des Oliviers.

Quant à mes affaires, mon cher ami, j'ai, je crois, éprouvé
autant de révolutions que le royaume : il n'est pas que vous n'en
ayez su quelque chose par les papiers publics : je vous fais grâce
de mille détails, et ne vous donnerai que l'extrait de mon histoire. Mes succès dans mes débuts ont été assez brillans, et depuis mon entrée dans la carrière le public ne m'a jamais témoi-
gné que beaucoup de bienveillance. Jamais je n'ai essuyé le
désagrément du plus léger murmure. J'ai entre autres joué plusieurs rôles nouveaux qui m'ont valu les suffrages les plus flat-
teurs du public; surtout celui de Charles IX dans la tragédie
de ce nom. Mais aussi ces succès m'ont suscité beaucoup d'ennemis dans le corps tragi-comique. Vous savez que c'est la ba-
lance politique de ce petit état : si le public vous accueille, vos
camarades vous honnissent. La révolution est survenue qui a
établi diversité d'opinions entre les membres : de là, querelle
sur querelle. Je parlais pour le public; et ces messieurs, et ces
dames surtout, pour les gentils-hommes de la chambre. Les
esprits s'échauffèrent, la guerre commença par un combat singulier entre moi et le sieur *** qui joue, comme vous le savez
peut-être, la comédie en capucin, et la tragédie en racoleur.
Vinrent les fêtes fédérales. Je prétendis qu'il fallait donner aux
fédérés des pièces démocratiques, telles que la Mort de César,
les Horaces, Brutus, Charles IX, etc. Eux prétendirent qu'il ne
fallait donner, et ne donnèrent effectivement que des pièces in-
fectées de l'adulation la plus servile pour les rois, de l'aristocratie la plus dégoûtante. Le public eut beau crier, demander; j'eus
beau plaider pour lui dans l'auguste assemblée des rois, des
princes, des princesses, des tyrans : mon zèle et ses demandes
furent inutiles; enfin, la surveille du départ des fédérés de Provence, ils vinrent en nombre à la comédie et demandèrent
Charles IX. M. Naudet répondit qu'il était impossible de le
jouer, attendu que Mme Vestris et M. Saint-Prix étaient ma-
lades. Beaucoup de bruit, de menaces de la part du public. J'é-
tais en scène et je dis que messieurs les fédérés ne pouvaient
douter du zèle de la comédie à remplir leur demande : que Mme
Vestris, qui avait une légère indisposition, ferait sans doute un

effort pour prouver son dévoûment aux désirs du public ; que si la maladie de M. Saint-Prix l'empêchait absolument de jouer, on lirait son rôle, le public l'ayant déjà proposé lui-même. — J'espérais tout terminer par cet arrangement ; point. La comédie ne cesse de résister, les fédérés menacent et disent qu'ils reviendront le lendemain accompagné de tous les fédérés du royaume. Les comédiens sont effrayés et consentent enfin à donner la pièce. Je joue le lendemain au milieu des acclamations et des applaudissemens universels ; mais ce triomphe était pour moi le présage d'un grand coup que m'allait porter l'ordre privilégié des princes et des princesses de coulisses. Effectivement, le lendemain on assemble les états, on délibère et on décrète enfin qu'il faut lancer contre moi un arrêt de proscription. On arrête ensuite que tous ceux qui avaient approuvé ma conduite (et ceux-là étaient Mmes. Belcourt, Vestris, Mlle. Desgarcins et Dugazon) n'étant pas aussi criminels que moi, il serait seulement défendu à tous les sujets fidèles de leur parler. Tout cela fut exécuté. Chacun apposa son nom au bas de la feuille fatale, et jura sur son brodequin ou son cothurne d'exécuter fidèlement ce décret. Je fus trois mois en pleine interdiction.

(La fin de cette lettre contient quelques détails de famille que nous croyons devoir suprimer.)

Votre ami, TALMA.

A. M. Arétius Sibrandus TALMA.

A Engevirum , en Frise (Hollande.)

Paris, le 15 juin 1822.

MONSIEUR,

J'ai eu l'honneur de recevoir, il y a huit jours seulement, une lettre de vous datée du mois de février dernier, avec deux exemplaires de votre thèse. M. le pasteur Marron vient aussi de m'en adresser un troisième de votre part. Je suis très-reconnaissant de votre obligeante attention, et vous prie d'en agréer mes sincères remercîmens.

J'ignore, Monsieur, et il me serait difficile de découvrir si
vous et moi sortons de la même souche. Il y a déjà plus de
quinze ans qu'étant en Hollande, j'ai appris qu'il y avait dans
ce pays des familles qui portaient le même nom que moi. La
mienne habite principalement un endroit à six lieues de Cam-
brai, dans la Flandre française. Au reste, ce n'est pas la première fois que mon nom donne lieu à des informations sur
mon origine de la part d'étrangers. Il y a environ quarante ou
cinquante ans qu'un fils de l'empereur de Maroc, se trouvant
à Paris, et entendant prononcer le nom de mon oncle, vint lui
demander s'il n'était pas d'origine arabe. Depuis ce temps, un
négociant d'une des villes maritimes de l'Afrique, que j'ai vu
dans ma jeunesse à Paris, me fit la même question, et je ne
pus pas plus répondre au négociant que mon oncle au fils de
sa majesté marocaine. M. Langlès, savant très-distingué dans
les langues orientales, et mon ami d'enfance, me dit à cette
époque qu'en effet *talma*, en arabe, signifiait *intrépide*, et que
c'était une de ces appellations que ces peuples emploient pour
distinguer les différentes branches d'une même famille. Vous
sentez, Monsieur, qu'une telle explication dut me rendre très-
fier, et que j'ai constamment fait mes efforts pour ne pas dé-
roger. Malheureusement, m'étant toujours livré au culte des
arts, je n'ai jamais eu l'occasion de prouver que ce nom m'était
justement acquis. Bref, j'ai supposé, d'après tous ces éclair-
cissemens, qu'une famille maure, restée en Espagne, avait pu
embrasser le christianisme, passer de ce royaume dans les
Pays-Bas, possédés alors par les Espagnols, et de là, par une
circonstance quelconque, être venue s'établir dans la Flandre
française.

Mais, d'une autre part, on m'a dit en Hollande que notre
nom avait une terminaison hollandaise, et qu'il était très-ré-
pandu dans ce pays. Ce nouvel éclaircissement a renversé
tout le bel édifice de mon imagination, et m'a renvoyé d'un
seul trait des sables de l'Afrique dans les pâturages de la Hollande. C'est vous, Monsieur, qui, parlant hollandais, pouvez
mieux que moi décider si définitivement nous sortons du nord

ou du midi ; si nos ancêtres portaient le turban ou le cha-
peron ; s'ils invoquaient Mahomet ou le Dieu des chrétiens.

J'oubliais encore de vous dire, Monsieur, que le comte de
Mouradja, qui a résidé long-temps en Orient, et qui a fait un
ouvrage sur le système religieux des Orientaux, cite un pas-
sage d'un de leurs auteurs qui nous apprend que le roi, ou
plutôt le Pharaon IVᵉ. d'Égypte, lequel chassa les Israélites,
s'appelait *Talma*. C'était un grand coquin que ce roi ; mais il
ne faut pas y regarder de si près, quand on peut se dire d'une
si illustre origine. Vous voyez, Monsieur, qu'il n'y a point de
baron allemand à seize quartiers, pas même de rois dans les
quatre parties du monde, qui puissent se vanter d'une antiquité
aussi haute et aussi légitime que notre famille. Au reste,
Monsieur, je tiens beaucoup plus à honneur d'être le parent
d'un savant aussi distingué que vous, que d'être le descendant
d'une tête couronnée. J'espère, Monsieur, que vous' voudrez bien m'informer si vous pensez qu'en effet notre nom
soit plutôt hollandais qu'arabe. Dans tous les cas, Monsieur,
je me félicite sincèrement de porter un nom que vous savez si
bien honorer, et je me flatte qu'un jour quelque circonstance
favorable me procurera l'avantage de vous rencontrer et de
faire plus particulièrement votre connaissance, soit que j'aille
en Hollande, soit que vous veniez à Paris.

Agréez, je vous prie, Monsieur, l'assurance des sentimens
les plus distingués de votre dévoué serviteur.

TALMA.

Rue St.-Lazare , n. 56 , Chaussée d'Antin.

A M. le pasteur Marron.

MONSIEUR,

Je ne sais pourquoi j'ai dans l'idée que dans ma lettre à
M. Talma, j'ai commis une petite balourdise. Par distraction
j'ai écrit, je crois, *négociant* par un *t*. Si par hasard il en était

ainsi, et si ma lettre était encore entre vos mains, vous, Monsieur, qui savez si bien compatir à toutes les fautes d'orthographe qui se commettent dans ce monde, je vous serais très-obligé de corriger la mienne. J'étais si pressé hier, devant jouer le soir, et j'étais entouré de tant de monde; que je n'ai pas eu le temps de relire ma lettre avec attention. Je compté donc sur votre extrême obligeance pour me remettre dans la bonne voie.

Croyez-moi, je vous prie, Monsieur, votre tout dévoué serviteur.

TALMA.

FIN.

www.ingramcontent.com/pod-product-compliance
Lightning Source LLC
Chambersburg PA
CBHW071559220526
45469CB00003B/1067